ノエルの菓子

クリスマスを愉しむ 32 のレシピ

青山 翠

anonima st.

はじめに

　12月にお菓子を焼くといつも思い出すのは、はじめてクリスマスケーキを作った小学 6 年生のときのことです。その年は、一冊だけ持っていた『家庭でつくれる お菓子150種』という本の中の、それはおいしそうなストロベリーショートケーキをひとりで作らせてもらえることになったのです。当時の家庭のオーブンは、ガス台の上に箱型のオーブンをのせるタイプで、ハンドミキサーもありませんでした。昔の職人さんをまねするみたいに泡立て器で卵と砂糖をなんとか泡立て、小麦粉も混ぜました。けれど、はじめて作った生地はボールのように膨らみましたが、オーブンから取り出すとぺちゃんこになってしまいました。原因もよくわからないまま、手が痛くなるまで3度繰り返しましたが不満足のいくものにならず、結局、母の助けを乞うという残念な結末でした。温度調節のできるオーブンのなかった時代、生焼けや焦がしすぎを繰り返しながら、それでもお菓子が焼ける匂いと温もりの虜になって、私のお菓子作りが始まりました。

　会社勤めを始めて数年がたった頃、年末の休みにたった半日のル・コルドン・ブルーの講習会を受けるためにパリに行き、書店で真っ赤な装丁の本『Le livre de NOËL』（ノエルの本の意）をみつけました。クリスマスの起源、福音書の抜粋にはじまり、童話やクリスマスキャロル、家の装飾、クリスマスメニュー、レシピまでが事細かに綴られ、分厚い本のページをめくるたびに本物のクリスマスの扉が次々に開くようでした。ヨーロッパの国々にはそれぞれのクリスマスがあり、フランスではドイツ国境のアルザスと地中海に面するプロヴァンスの二地方に伝統的なノエルの祝い方があることを知りました。まだ見ぬ情景とお菓子の味や形を想像して、いつか必ず訪ねようと心密かに決意し、のちに製菓を学びにフランスに渡り、ひとつひとつを確かめて歩きました。

　フランスのノエルの支度は、12月25日の約 4 週前から始まります。12月初旬にプロヴァンスの家庭では麦粒を蒔き、サントン人形を飾ります。マルシェで山積みとなる地中海産の干果物と砂糖漬けは、この地方特有のイブのメニュー「13種のデセール」のためのものです。一方、アルザスでは、行事にちなむパン菓子や何種類ものビスケットが店に並び、家庭でのお菓子作りも盛んな土地柄なので、香辛料が混じり合うふくよかな匂いに包まれて12月を過ごします。ノエルの到来を待つこの時期のことは、日本でも「アドヴェント」という呼び名で知られるようになりました。

　ノエルのお菓子やパンの謂れ、ルーツにも興味が尽きません。形や素材が特徴的な、この時期だけの祝祭菓子や伝統菓子がみられるのも12月ならでは。フランスのクリスマスケーキ「ビュッシュ・ド・ノエル」の薪の形の由来が、キリスト教以前の時代の「冬至祭」で燃やされた丸太にまで遡ると聞くと、改めてノエルが伝統に培われた祝祭であることが思い起こされます。

　この本では、ビスケット生地をいろいろな形に仕立てるアルザス地方のアドヴェント菓子にはじまり、ひと手間かけて仕上げるクリスマスケーキ、祭事を映すパン菓子、自然界をモチーフにしたお菓子のデコレーションパーツまで、クリスマスシーズンを楽しむためのさまざまなお菓子を紹介しています。現地で愛されているレシピ、クリスマスならではの遊び心をちりばめた私流のレシピ、どれも長年温め、お伝えしてきたものです。レシピの余話や、古い時代のノエルにまつわるトピックも、巻末の「フランスの12月のお菓子と暮らし A - Z」にまとめました。どうぞ併せてお読みいただき、ご家庭をノエルの匂いでいっぱいにして、お菓子作りをお楽しみいただけたら嬉しく思います。

青山 翠

ノエルの菓子
目次

3章 パン菓子と発酵菓子

Colonne II　ノエルを愉しむ飲みもの

4章 ノエルの小菓子

フランスの12月のお菓子と暮らし A - Z　97

菓子の型紙

この本の使い方

- この本のお菓子作りに必要な基本情報（下準備の具体的な方法、作業の勘どころ、使用している材料や道具、型など）をP.86〜91にまとめて掲載しています。ぜひお菓子作りの前にお読みください。
- 生地をのばしたりまとめたりするときに使う「打ち粉」は、あれば強力粉、なければ生地に使用している小麦粉を使ってください（いずれも分量外）。
- お菓子の型はレシピ指定のもの以外でもかまいません。型の大きさの違いで焼き時間が若干変わるため、様子を見て加減してください。
- オーブンは必ず予熱してください。レシピに記した温度や焼き時間は目安です。熱源や機種によって差があるため、様子を見て調節してください（この本ではガスオーブンを使用）。
- 小さじ1は5㎖、大さじ1は15㎖のものを使っています。

premier

1

BISCUITS
DE
L'AVENT

1章　アドヴェントのビスキュイ

ヨーロッパでは、クリスマス前のアドヴェントシーズンにビスケットを焼く風習があります。日持ちのする生地でオブジェやオーナメントを作って飾ったり、スパイスをきかせたビスケットをたくさん焼いて贈り物にしたり。家じゅうをお菓子の香りでいっぱいにして、思い思いにクリスマスを待ちわびます。

MON SAPIN EN PAIN D'ÉPICES

ビスキュイ・パンデピスのツリー　作り方 P.14

三角の"食べられる積み木"を重ねてツリーを作りましょう。生地ははちみつとスパイス入りで日持ちのする、ヨーロッパの伝統的な配合です。飾りつけはお好みで。素朴な風合いのままでもいいし、チョコレートやナッツで飾ってもいいでしょう。

ビスキュイ・パンデピスのツリー

材料（高さ20cm 1台分）

●ビスキュイ・パンデピス生地（約380g分）

バター ……… 25g

はちみつ ……… 35g

きび砂糖 ……… 90g

卵 ……… 40g

塩 ……… 1.5g（小さじ1/4強）

① [
薄力粉 ……… 190g
ベーキングソーダ（重曹）……… 2.8g
シナモンパウダー ……… 3g
ジンジャーパウダー ……… 1g
クローブパウダー ……… 0.1g（小さじ1/10）
ナツメグパウダー ……… 0.3g（小さじ1/5）
]

●アイシング

粉砂糖 ……… 30g

卵白 ……… 6g

レモンの絞り汁 ……… 3g

下準備

・P.109を参照して大きさの異なる正三角形の
　型紙を6種類用意する。1辺の長さは12cm、
　10cm、8cm、6cm、4cm、2cm。

・バターは室温でごくやわらかく戻す。

・はちみつはかたければ温めてやわらかくする。

・卵は室温に戻す。

●ビスキュイ・パンデピス生地を作る

1 ボウルにバターを入れ、ゴムべらで練ってマヨ
ネーズ状にする。はちみつ、きび砂糖を加えて
練り混ぜる。

　→ バターの量に対して砂糖の量が多いため、パサつい
　　た状態になる。

2 別のボウルに卵と塩を入れて泡立て器で混ぜ合
わせ、1に加え（**A**）、ゴムべらでムラなく
練り混ぜる。

3 ①を合わせてふるい入れ、ゴムべらで切るよう
に根気よく混ぜていく（**B**）。

4 粉気がなくなったら、生地をゴムべらでボウル
になすりつけることを何度も繰り返し（**C**）、
粉を完全になじませて均一な状態にする。

5 ラップの上に生地を取り出し、軽くもんでなめ
らかにする（**D**）。ラップで包み、冷蔵庫で
1日以上休ませる（1週間冷蔵保存可能）。

A	B	C	D

●生地を切る

6 作業しやすくするために生地を2等分にする。台にオーブンシートを敷いて生地の半量分をのせ、打ち粉を軽くふり、麺棒で11cm×26cmくらい、厚さ5mmにのばす。大きな型紙から順に当てて同じサイズを3枚ずつ、無駄なく切り取り、残り半量も同様にする。

7 6の端切れ生地を集めて厚さ5mmにのばし、残りの分を切り取る。

　　→ 6・7で合計18枚(各サイズ3枚)の生地ができる。残った端切れは厚さ4mmにのばして小ぶりなビスケットを作るといい。

8 最小サイズ以外の生地の中央に、丸口金(♯10)で穴をあける。オーブンシートごと平らな板にのせ、冷蔵庫で最低1時間冷やす。

　　▶ 穴は生地の中央が膨らむのを防ぐ役目。中央が膨らむと積み重ねにくい。

●焼く・仕上げる

9 オーブンシートを敷いた天板に間隔をあけて並べ、180℃に予熱したオーブンでまず7分焼き、170℃に下げて7〜10分焼き、焼き色がついたものを取り出してさらに3〜5分焼く。

　　→ 枚数が多いので天板2枚で同時に焼く。焼き上がりの目安はほどよい焼き色がつく程度。

10 アイシングの材料をよく混ぜ合わせる。

11 10の1/3量を取り分け、粉砂糖7g(分量外)を加えて練り混ぜる(接着用)。

12 9の上面に10を刷毛でとんとんと置くように塗る。

13 170℃のオーブンに戻してさらに1〜2分焼く。アイシングが乾いて白っぽくなったらスイッチを切り、オーブンの扉を開けた状態で冷めるまでおく。

●組み立てる

14 大きなものから順に、向きを少しずつずらして積み重ねていく(倒れそうなら11を塗る)。最小サイズの3枚は、トップを縦向きにして互いを11で接着してからのせる。

ORNEMENTS EN PAIN D'ÉPICES

木馬　作り方 P.18

premier

16

ビスキュイ・パンデピスのオーナメント

はちみつとスパイス風味のビスケット生地を厚く大きめに焼き上げ、白いアイシングだけで仕上げるクラシックなスタイルです。木馬やステッキ、ボール、くつしたのほか、お好みの形に作ってください。ツリーやリース、ドアの飾りに、リボンをつけて贈り物にもどうぞ。

ボール　作り方 P.18

くつした　作り方 P.18

17

ビスキュイ・パンデピスのオーナメント
木馬、くつした、ステッキ、ボール

材料（木馬1枚＋くつした、ステッキ、ボール各2枚分）
ビスキュイ・パンデピス生地（P.14）……… 全量
ロイヤルアイシング（P.20）……… 適量
アラザン ……… 適量

●上がけ液
インスタントコーヒー粉 ……… 2g
熱湯 ……… 18g
卵黄 ……… 1個分（18g）

下準備
・P.14を参照してビスキュイ・パンデピス生地を作る。
・木馬は縦145mm×横175mmの木馬型、ボールは直径7cmの丸型を用意する（または、P.110-111の型紙を使う）。
・くつしたとステッキはP.111の型紙を使う。

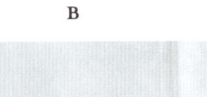

premier

18

●生地を抜く、切る

1 **木馬**：台にオーブンシートを敷いて生地を250gのせ、打ち粉を軽くふる。麺棒で木馬型の大きさに合わせて厚さ7mmにのばす（**A**）。

2 **木馬**：**1**を木馬型で抜いて端切れを取り除き（**B**）、背に丸口金（＃10）でリボンを通す穴を2つあける（**C**）。

3 **2**の端切れを集めて残りの生地と合わせ、**1**の要領で厚さ6mmにのばす。

4 **くつした・ステッキ**：型紙をのせ（**D**）、ナイフで切り抜く（**E**）。くつしたのくびれた部分に丸口金（＃10）でリボンを通す穴を1つあける。

5 **ボール**：丸型で抜く（**D**）。

6 **ボール**：残った端切れで長さ9cm、太さ8mmのひもを作り、リボン通し用パーツを作る。ひもを輪にして端を重ね、重なりをつぶし（**F**）、**5**をのせてしっかりはりつける（**G**）。
　→ 残った端切れは厚さ4mmにのばして小ぶりなビスケットを作るといい。

7 オーブンシートを敷いた平らな板にすべての生地を並べ、冷蔵庫で最低1時間冷やす。
　→ 焼く前にしっかり冷やすときれいな形に仕上がる。

A	B	C	D

● 上がけ液を作る

8 インスタントコーヒー粉に熱湯を加え、スプーンで混ぜて溶かす。冷めたら卵黄を加えてムラなく混ぜる。

●焼く・仕上げる

9 オーブンシートを敷いた天板に**7**の生地を並べる。180℃に予熱したオーブンでまず7～10分焼く。縁や細い部分が色づいていたら170℃に下げ、さらに7～10分焼いて全体をほどよく色づける。

　　⟶ くつした、ステッキ、ボールは木馬より火通りが早いため、先に取り出す。

10 天板を取り出し、熱いうちに生地の上面に**8**を刷毛で2～3回重ね塗りする（**H**）。オーブンに戻してさらに5～10分焼く。液が乾き、焼き色が濃くなってつやが出たら焼き上がり。取り出して天板にのせたまま完全に冷ます。

11 冷ましている間にP.20を参照してロイヤルアイシングを作る。

12 P.20～21のロイヤルアイシングで描くコツを参照し、P.110-111の型紙を参考にしてデコレーションする。

13 室温でアイシングを自然乾燥させ、穴にリボンを通して結ぶ（ステッキには直接結ぶ）。

　　⟶ ツリーに下げる場合はリボンを長めにするか、リボンに吊るしひもをくくりつける。

E	F	G	H

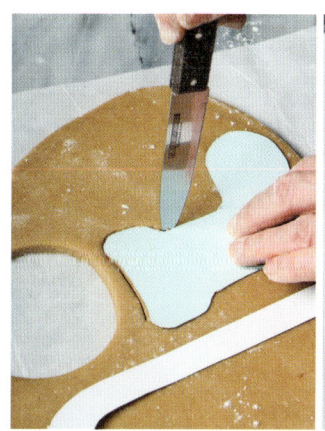

ロイヤルアイシングの作り方

材料（作りやすい分量）
粉砂糖 …… 50g
卵白 …… 8g
レモンの絞り汁 …… 適量

ボウルに粉砂糖を入れ、卵白を加えてゴムべらでなすりつけるように混ぜる。

なめらかになるまで混ぜる。目安はツノがゆるく立ち、ツノの先がおじぎをするくらい。かたければレモンの絞り汁を数滴ずつ加える。

グラスなどにコルネ袋を立てて入れ、2を入れる。

口を左右から中央に折り返してから2〜3回折ってテープでとめる。

ロイヤルアイシングで描くコツ

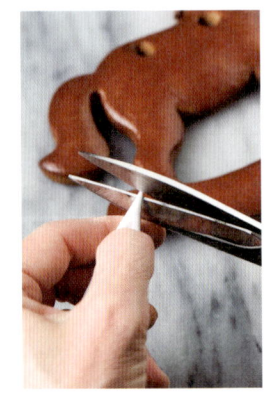
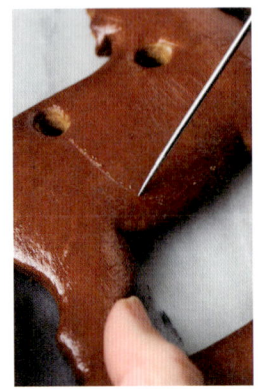

線の太さ
コルネ袋の先はまっすぐ（水平）に切る。細い線は1mm、太い線は1.2mmくらいが目安（試し書きをして確かめる）。

下書き
木馬の鞍のような細かい模様は、輪郭を金串などでビスケットに下書きしておく。

線／ゆるい曲線
コルネの先をビスケットにつけるのは絞り始めと終わりだけ。線をのばす間はコルネの先を宙に浮かせて動かし、アイシング自体の重みで自然に落としていく。

太い線
線を二重に重ねる（下の線が乾く前に）。

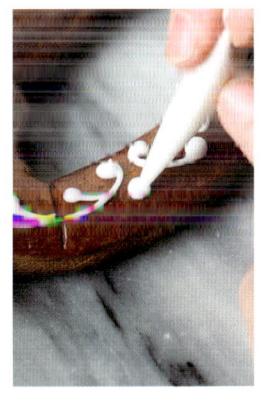

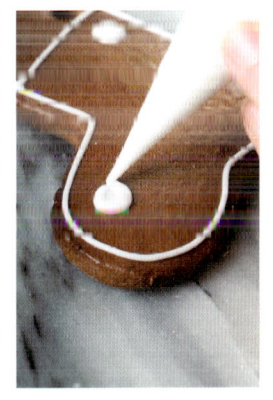

小さい丸
絞り口を動かさずに絞る。

大きい丸
うず巻き状に絞る。盛り上がりすぎたら、ビスケットの裏側を指でとんとんと叩いて薄くする。

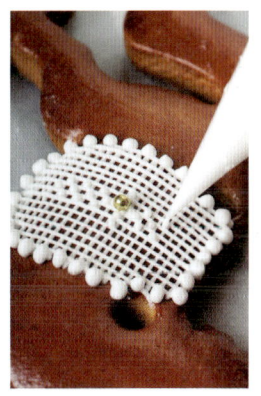

太さの異なる線
太い方から細い方へと描く。

広い面積を塗りつぶす
輪郭を描いてから内側を埋める。

はみ出し／失敗
固まる前に金串などで取り除く。

レース模様
木馬の鞍はP.110の型紙を参考に、細い線で格子模様を描いて周囲に小さな丸を絞り、ます目の一部を埋める（アラザンは乾く前にのせる）。

BREDALA

ノエルのビスケット ── ブレダラ　作り方 P.24-33

アルザス地方の家庭ではアドヴェントにビスケットを作る風習があり、この時期に作るものは特別に「ブレダラ」と呼ばれます。ナッツやスパイスを生かした味わい豊かなビスケットを少しずつ作り溜めて、お茶の時間に楽しんだり、詰め合わせて贈り物にするのが慣わしです。ここでは6種類のブレダラをご紹介します。

SPÉCULOOS

ブレダラ1

スペキュロス

17世紀にオランダの航海士が持ち帰ったスパイスを使ってアドヴェントに焼く
ようになった、現在のベルギー・フランドル地方発祥のビスケット。型抜きしや
すく、アイシングにも向く、作りやすいレシピを紹介します。

材料（7cmの六角星型なら22枚分）

バター ……… 65g

- 薄力粉 ……… 130g
- ベーキングパウダー ……… 2g
① ─
- きび砂糖 ……… 70g
- グラニュー糖* ……… 8g

- 卵 ……… 一個
② 牛乳 ……… 4g
- 塩 ……… 0.3g（小さじ1/16）

ロイヤルアイシング（P.20）……… 適量

＊ガリッとした食感に仕上げるためにグラニュー糖を併用。

下準備

- 5～9cm大の好みの抜き型を用意する。
  P.24の写真は六角星、ハートの型が6～7
  cm、ハウス、ツリー、木馬の型は6～10cm。
- バターは冷えたものを1.5cm角に切る。
- 卵は室温に戻す。

1 フードプロセッサーに①を入れ、2、3回撹拌
して均一に混ぜる。バターを加え（**A**）、粉
チーズ状になるまで撹拌する。

2 [...]。
しは、**1**に加えて断続的に撹拌する。粉っぽさ
がなくなってかたまりができれば、混ぜ上がり
（**B**）。

3 ラップの上に取り出して軽くもむ。ひとまとめ
にしてラップで包み、冷蔵庫で3時間から半日
休ませる。

4 生地を2等分にする。台にオーブンシートを敷
き、生地の半分をのせて打ち粉を軽くふる。麺
棒で厚さ4mmにのばし（**C**）、好みの型で抜
き（**D**）、天板に並べる。残りの生地も同様
にし、両方とも冷蔵庫で30分以上冷やす。

  ➡ 2回に分けて作業すると生地がだれず、きれいに仕
  上がる。

5 170℃に予熱したオーブンで13分（小さいも
の）～15分（大きいもの）焼く。ケーキクー
ラーに移して冷ます。

6 焼きっぱなしのままでも、ロイヤルアイシング
でデコレーションしてもよい（P.20-21のコツ
を参考に／**E**）。

25

A	B	C	D	E

SABLÉS LINZER

ブレダラ2

サブレ・リンツ

2枚重ねのビスケットの窓から赤いジャムがのぞく、人気のブレダラです。シナ
モンとバニラの風味が特徴の、オーストリアの伝統菓子、リンツァートルテの
小型版です。

材料（5cmの丸型 32枚分＝16組分）

バター …… 100g

① {
薄力粉 …… 100g
アーモンドパウダー …… 50g
ベーキングパウダー …… 2g
シナモンパウダー …… 1g
カカオパウダー …… 1g
きび砂糖 …… 50g
}

② {
卵 …… 14g
塩 …… 0.6g（小さじ1/8）
レモンの皮のすりおろし …… 小さじ1
}

牛乳（または水）…… 少量

グラニュー糖 …… 少量

フリュイ・ルージュのコンフィチュール
（P.37）…… 90g

下準備

・バターは冷えたものを1.5cm角に切る。

・卵は室温に戻す。

1 フードプロセッサーに①を入れ、2、3回撹拌
して均一に混ぜる。バターを加え、粉チーズ状
になるまで撹拌する。

2 ボウルに②を入れて泡立て器でムラなく混ぜ合
わせ、1に加えて断続的に撹拌する。粉っぽさ
がなくなってかたまりになれば、混ぜ上がり。

3 ラップの上に取り出し、軽くもむ。ひとまとめ
にしてラップで包み、冷蔵庫で3時間から半日
休ませる。

4 台にオーブンシートを敷き、生地をのせて打ち
粉を軽くふる。麺棒で厚さ4mmにのばし、直
径5cmの丸型で抜く（**A**）。オーブンシート
ごと平らな板に移し、冷蔵庫で15分ほど、生
地がかたくなるまで休ませる。

5 4の半量の中央をふたまわり小さな好みの型
（P.26の写真は六角星、ハート、丸型）で抜
き（**B**）、冷凍庫で15分ほど冷やし固める。

6 中央を抜いた方の上面に刷毛で牛乳を薄く塗り、
グラニュー糖をまぶし（**C**）、オーブンシー
トを敷いた天板に並べる。残りの生地も並べる。

→ 5でくり抜いた小さな生地も一緒に焼くといい（火
　通りが早いので7の途中で取り出す）。

7 170℃に予熱したオーブンで13〜15分焼く。ケ
ーキクーラーに並べて冷まし、丸い方にフリ
ュイ・ルージュのコンフィチュールをスプ
ーンで塗り（**D**）、くり抜いた方を重ねる。

→ 日がたつにつれて生地が湿ってくる。

A	B	C	D

ALLUMETTES DE NOËL

ブレダラ3

マッチ棒のスプリッツ

かりっと歯ごたえのある絞り出しタイプ「スプリッツ」も、ブレダラの詰め合わせに欠かせません。昔はかたい生地を肉挽き器で絞り出していたそう。扱いやすい配合にしてまっすぐに絞り、さくっとしたマッチ棒に仕立てました。

材料（長さ7cm 33本分）

バター ……… 50g
きび砂糖 ……… 40g
グラニュー糖* ……… 5g

① ┌ 卵 ……… 11g
　├ 塩　0.4g（小さじ1/12）
　└ バニラオイル　0.5g（小さじ1/8）

② ┌ 薄力粉 ……… 75g
　├ コーンスターチ ……… 15g
　└ ジンジャーパウダー ……… 1.3g（小さじ3/4弱）

コーティング用チョコレート ……… 40g

*ガリッとした食感に仕上げるためにグラニュー糖を併用。

下準備

- バターは室温でごくやわらかく戻す。
- 卵は湯煎で28℃くらいに温める。

1 バターはゴムべらで練ってマヨネーズ状にし、きび砂糖、グラニュー糖を加えて練り混ぜる。

2 別のボウルに①を入れて泡立て器で混ぜ合わせる。1で少しずつ加え、そのつど泡立て器で完全に混ぜ込む。

3 ②をふるい入れ、ゴムべらで切るように混ぜていく。湿り気が粉にゆきわたるにつれてそぼろ状になる。

4 ゴムべらで生地をボウルになすりつけることを何度も繰り返し、粉を生地に完全になじませて均一な状態にする。

5 絞り袋に8切星口金（#6）をつけ、生地を入れる。オーブンシートを敷いたバットに長さ21cmに一直線に絞る（**A**）。冷蔵庫で30分ほど冷やす。

6 ナイフで3等分の長さに切り分ける（**B**）。シートごと天板に移し、間隔をあけて並べ直す。180℃に予熱したオーブンで10〜12分焼き、シートごとケーキクーラーに移して冷ます。

7 小ぶりで深めの耐熱容器にコーティング用チョコレートを入れ、湯煎か電子レンジで溶かす。6の片方の端を浸し（**C**）、オーブンシートの上に並べて冷蔵庫に30分入れて固める。

A 　　**B** 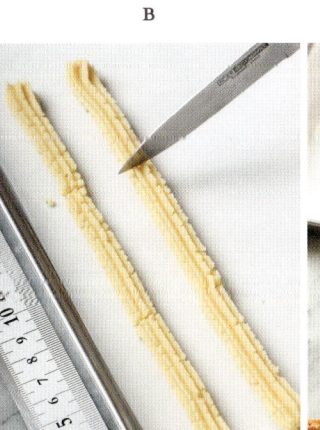　　**C**

Sablés aux amandes
Sablés aux noix

ブレダラ4

アーモンドサブレ

アーモンドパウダーをたっぷり混ぜた風味豊かなブレダラです。焼きたてはさく
すく、少しやくと、アーモンドバニラの風味が立ててきます。

材料（5cmのハート型 40枚分）

(1) ┌ 薄力粉　　120g
　　│ アーモンドパウダー ……… 45g
　　│ ベーキングパウダー ……… 2g
　　└ きび砂糖 ……… 70g
バター ……… 70g
(2) ┌ 卵黄 ……… 18g
　　│ 卵白 ……… 12g
　　│ 牛乳 ……… 2g
　　│ 塩 ……… 1g（小さじ1/5）
　　│ アーモンドオイル ……… 3〜4滴
　　└ バニラエクストラクト ……… 1g
(3) ┌ 卵黄 ……… 1/2個分
　　└ 牛乳 ……… 小さじ1弱
アーモンド（無塩・素焼き）……… 適量

下準備
・バターは冷えたものを1.5cm角に切る。
・卵は室温に戻す。

1 フードプロセッサーに①を入れ、2、3回撹拌して均一に混ぜる。バターを加え、粉チーズ状になるまで撹拌する。

2 ボウルに②を入れて泡立て器でムラなく混ぜ合わせ、1に加えて断続的に撹拌する。粉っぽさがなくなってかたまりになれば混ぜ上がり。

3 ラップの上に取り出し、軽くもむ。ひとまとめにしてラップで包み、冷蔵庫で3時間から半日休ませる。

4 台にオーブンシートを敷き、打ち粉を軽くふって生地を麺棒で厚さ4mmにのばし、5cmのハート型で抜く。オーブンシートごと平らな板にのせ、冷蔵庫で最低1時間冷やす。

5 オーブンシートごと天板にのせて並べ直し、③を混ぜ合わせて刷毛で上面に塗り、アーモンドをのせる。170℃に予熱したオーブンで12〜14分焼き、ケーキクーラーに並べて冷ます。

ブレダラ5

くるみサブレ

くるみと小麦粉を一緒にフードプロセッサーにかけて、くるみを挽きつつ粉に風味をなじませます。シナモンがふわりと香る素朴なブレダラです。

材料（5cmの菊型 33枚分）

(1) ┌ 薄力粉 ……… 120g
　　│ くるみ ……… 45g
　　│ ベーキングパウダー ……… 2g
　　│ シナモンパウダー ……… 2g
　　└ きび砂糖 ……… 70g
バター ……… 70g
(2) ┌ 卵黄 ……… 18g
　　│ 卵白 ……… 12g
　　│ 牛乳 ……… 2g
　　└ 塩　　1g（小さじ1/5）
(3) ┌ 卵黄 ……… 1/2個分
　　└ 牛乳 ……… 小さじ1弱
くるみ ……… 適量

下準備
・バターは冷えたものを1.5cm角に切る。
・卵は室温に戻す。

1 フードプロセッサーに①を入れ、くるみが粉状になるまで撹拌する。バターを加え、粉チーズ状になるまで撹拌する。

2 アーモンドサブレ（上記）**2**・**3**と同様に行い、**4**と同じ要領で5cmの菊型で抜いて冷やす。

3 アーモンドサブレの**5**と同じ要領で、③を塗ってくるみをのせて焼き、冷ます。

PAIN D'ANIS

ブレダラ6

アニスパン

かりかりした食感が小気味よく、アニスがふんだんに香ります。ブレダラの中で
も歴史が古く、16世紀頃から作られているお菓子です。

材料（直径3.5cm 33個分）
グリーンアニスシード ……… 4.5g（小さじ3）
卵 …… 50g
グラニュー糖 ……… 80g
薄力粉 ……… 80g

下準備
・グリーンアニスシードは軽くから煎りして香
りを立てる。

1 ボウルに卵とグラニュー糖を入れ、湯煎にして
泡立て器で混ぜながら50℃くらいに温める。

2 湯から外し、ビーターをつけたハンドミキサー
の高速で10分ほど泡立てる。白っぽくふんわ
りかさが増え、羽の跡が数秒残る状態になったら、
グリーンアニスシードを加えてムラなく混ぜる。

3 薄力粉をふるい入れ、ゴムべらで切るように混
ぜる。粉気がなくなったら、全体が均一になる
ように大きく混ぜる。粘り気のある生地になる。

4 絞り袋に丸口金（＃10）をつけ、生地を入れ
る。オーブンシートを敷いた天板に3.5cm大に
丸くこんもりと絞る。

5 室温に4～6時間おいて表面を乾かし、厚い殻
で覆われた状態にする（指で触れて確かめる）。

6 170℃に予熱したオーブンで7～9分焼き、下
部の膨らみ（ピエ）がわずかに色づいたらスイ
ッチを切る。扉を開けて熱気を素早く逃してす
ぐに閉め、庫内に5分ほど入れておく。表面が
色づく前に取り出し、天板のままケーキクーラ
ーにのせて冷ます。

アルザスのクリスマスマーケットで買ったシュプ
リンゲルレ型。アニスパンに似た生地を押しつけ
て模様を象ります。

POUR UN DÉLICIEUX NOËL

ノエルの菓子支度

11月の声を聞くと、月末にはアドヴェント入り。クリスマスのお菓子作りの支度にとりかかります。早めに用意したいのが、フルーツ類の洋酒漬け。柑橘、チェリー、レーズンなど、色とりどりの瓶は眺めているだけで嬉しくなるものです。お菓子作りの計画を立てながら、フルーツがふっくらとお酒を含んで芳醇な味わいを醸すまでの時間を待ちましょう。

フルーツのコンフィチュールやソースも、クリスマスのお菓子作りに欠かせません。ホイップクリームともチョコレートとも相性がよいのが甘酸っぱいベリー類。朱色のコンフィチュールはハマナスの実（ローズヒップ）で作ったものです。

35

レーズンのラム酒漬け

サルタナレーズンをキャラメルのような風味の、香味の強いダークラムで漬けます。さまざまなお菓子に使えてオールマイティーです。

材料（容量300mℓの保存瓶1本分）
サルタナレーズン　　180g
ラム酒（ダーク）……　適量

1　サルタナレーズンがオイルコーティングされていたら、熱湯に30秒浸してからざるに上げ、ペーパータオルで水気をよくふき取り、天板に広げて100℃のオーブンで15〜30分加熱して完全に乾かす。

2　清潔な保存瓶に**1**を入れ、ラム酒を口いっぱいまで注いでふたをして冷暗所に置く。翌日、レーズンが酒を吸って液面から出ていたらラム酒を足し、常に酒に浸った状態で1週間から1か月くらい冷暗所で漬ける。

ドレンチェリーのキルシュ漬け

甘いドレンチェリーもキルシュを含むとおいしく生まれ変わります。きらきらとして鮮やかな色はまるで宝石のよう。クリスマスのお菓子に華やぎを与えます。

材料（容量150mℓの保存瓶各1本分）
ドレンチェリー（赤・緑）……　各90g
キルシュ……　適量

ドレンチェリーは色別に、レーズンのラム酒漬け（左記）の**2**と同じ要領でラム酒の代わりにキルシュで漬ける。

レーズンのキルシュ漬け

白ぶどうのキルシュ漬けはアルザス地方の定番材料です。キルシュをたっぷり吸って黄金色に膨らんだレーズンは、梅酒の梅の実のような味。クグロフに欠かせません。

材料（容量300mℓの保存瓶1本分）
マスカットレーズン ……　180g
キルシュ ……　適量

マスカットレーズンはレーズンのラム酒漬け（上記）の**1**と同様にし、**2**と同じ要領でラム酒の代わりにキルシュで漬ける。

オレンジコンフィのグランマルニエ漬け

オレンジのスライスや皮を甘く煮詰めた市販のコンフィをグランマルニエに漬けて、芳醇な香りを移します。スパイスを足すとエキゾチックなクリスマス仕様に。

材料（容量300mℓの保存瓶1本分）
①〔
オレンジコンフィ＊……　180g
シナモンスティック ……　1本
カルダモン ……　3粒
スターアニス ……　1個
クローブ ……　3粒
レモンの皮（ナイフでむき取る）……　1/3個分
〕
グランマルニエ ……　適量

＊スライスでも皮のかたまりでも形状は問わず。オレンジ以外の国産柑橘のコンフィでもいい。

清潔な保存容器に①を入れ、グランマルニエを口いっぱいまで注ぐ。常にグランマルニエに浸った状態で1週間から1か月くらい冷暗所で漬ける。

フリュイ・ルージュのソース（写真上左）

ベリーをやわらかく煮てコーンスターチでとろみをつけます。生地に塗ったりケーキに焼き込んだり、甘酸っぱさをアクセントに。

材料（約100g分）
- ① 冷凍ミックスベリー* ……… 85g
- グラニュー糖 ……… 35g
- レモンの絞り汁 ……… 7g
- コーンスターチ ……… 3g
- 水 ……… 7g
- キルシュ ……… 3g

*ラズベリー、ブルーベリー、レッドカラント、ブラックベリーなどを4種類ほどミックスした市販品。

1 小鍋に①を入れ、室温で解凍する。

2 強めの中火にかけ、沸騰したら弱めの中火にし、へらで押すとつぶれるくらいまで煮る。

3 コーンスターチを分量の水で溶き、**2**に加えて強火でひと煮立ちさせる。白濁していたのが澄んだら、弱火でさらに1〜2分煮詰め、キルシュを加える。

フリュイ・ルージュのコンフィチュール
（写真上右）

サブレ・リンツ用の甘さ控えめで濃度の濃いジャム。レモンのペクチンでとろみをつけ、サブレが湿りにくくなるようしっかり煮詰めます。

材料（約140g分）
- ① 冷凍ミックスベリー* ……… 170g
- グラニュー糖 ……… 90g
- レモンの絞り汁 ……… 大さじ2
- レモンを絞ったあとの薄皮 ……… 20g
- シナモンスティック（折る）……… 2g
- アーモンドオイル（あれば）……… 数滴

*フリュイ・ルージュのソース（上記）と同じもの。

1 鍋に①を入れ、グラニュー糖がなじむまで室温で解凍する。

2 強めの中火にかけ、沸騰したら火を弱め、汁気がほぼなくなるまで煮詰める。レモンの薄皮を取り除き、アーモンドオイルを加えてひと混ぜして火を止める。

ばらの実のコンフィチュール

アルザスで定番の野ばらの実のコンフィチュールをハマナス（ローズヒップ）の実で再現。ペクチンが多く、冷めるとねっとりした質感になります。クグロフやマナラによく合い、トルシュ・オ・マロンの隠し味にもぴったり。

材料（約300g分）
- 冷凍ハマナスの実（写真右）
  ……… 種つきで350g
- グラニュー糖
  ……… ハマナスのペーストの50%
- レモンの皮（ナイフでむき取る）
  ……… 中1/2個分
- レモンの絞り汁 ……… 12g
- バニラエクストラクト
  ……… 1g（小さじ1/4）

1 ハマナスの実は凍ったままよく洗う。水気をきって解凍し、種を取って鍋に入れる。

2 水をひたひたに加え、強火にかけて沸騰させ、ふたをして中火で実がごくやわらかくなるまで30〜40分ゆでる。途中、アクが出たら取り、水分が減ったら水を足す。

3 実をざるに上げ、裏ごしして皮や筋などを取り除いてできるだけ多くペーストをこし取る。

4 鍋にペースト、グラニュー糖、レモンの皮と絞り汁を入れ、中火にかける。底が焦げつかないようにかき混ぜながら煮詰めていく。煮詰め加減の目安は、鍋底をへらでこすったときに線が一瞬残り、すぐにふさがるくらい。レモンの皮を取り除き、バニラエクストラクトを加えてひと混ぜして火を止める。

保存場所と賞味期間

- 洋酒漬けは、お酒に浸った状態を常に保って冷暗所に置き、半年以内に使い切るのがおすすめです。
- ソースとコンフィチュールは冷蔵庫で保存し、ソースは3日以内、コンフィチュールは2週間以内に使い切るのがおすすめです。

2章　ノエルのガトー

クリスマスの食事を締めくくるケーキを手作りしてみませんか？
仕上げの飾りつけはみんなの手も借りて、自由にお楽しみください。
とっておきの味わいは、キャンドルに照らされた笑顔とともに忘れ
られない思い出に。

BÛCHE BLANCHE AUX FRUITS ROUGES

deuxième
40

白いビュッシュ　作り方 P.42

森のビュッシュ　作り方 P.44

41

白いビュッシュ

切り株の形のビュッシュ・ド・ノエルは、24日のイブに夜通し暖炉に薪をくべて聖夜を過ごしたかつての風習に由来します。いちごのショートケーキのようなこのビュッシュはフランスにはない、日本生まれのクリスマスケーキです。

材料（1本分／27cmのロールケーキ型1枚分）

●ジェノワーズ生地
バター ┈┈┈ 8g
植物油（米油や菜種油など）┈┈┈ 7g
卵 ┈┈┈ 150g
グラニュー糖 ┈┈┈ 80g
牛乳 ┈┈┈ 15g
薄力粉 ┈┈┈ 65g

●ホイップクリーム
生クリーム（乳脂肪分40%以上）
　┈┈┈ 240g＋40g
グラニュー糖 ┈┈┈ 25g
コンデンスミルク ┈┈┈ 10g

●シロップ
グラニュー糖 ┈┈┈ 12g
水 ┈┈┈ 12g
キルシュ ┈┈┈ 10g

●具材・飾り
いちご ┈┈┈ 7〜10粒
フリュイ・ルージュのソース（P.37）┈┈┈ 65g
ショコラブランの枝（P.79）┈┈┈ 4本

下準備
- ロールケーキ型にオーブンシートを敷き込む。
- ボウルに生クリームを240g入れ、グラニュー糖を加えて冷蔵庫で冷やしておく。

●ジェノワーズ生地

1 ボウルにバターを入れて湯煎で溶かし、植物油を加えてゴムべらで軽く混ぜる。

2 別のボウルに卵とグラニュー糖を入れ、湯煎で40℃に温める。湯から外し、ビーターをつけたハンドミキサーの高速でもったりするまで泡立てる（**A**）。牛乳を加え、低速で軽く混ぜて生地のきめを整える。

3 **2**に薄力粉をふるい入れ、ゴムべらで粉が見えなくなるまで切るように混ぜる（約35回・**B**）。

4 **3**をおたま1杯分ほど**1**に加え、ゴムべらでムラなく混ぜ、**3**に戻して切るように混ぜる（約25回）。

5 ロールケーキ型に流し（**C**）、カードで平らにならす。生地の縁を親指で1周ぐるりとなぞって高さをそろえる（**D**）。190℃に予熱したオーブンで10〜12分、表面全体にきれいな焼き色がつくまで焼く。ケーキクーラーの上にシートごと移し、乾いた布巾をかぶせて冷ます。

A　　　　　B　　　　　C　　　　　D　　　　　E

8 いちごは洗って水分をふき取り、ナイフでへたを切り落とす。

9 A4サイズの紙の上に同じ大きさのオーブンシートを重ねる。ジェノワーズ生地からオーブンシートをはがし、焼き目を上にしてシートの上に置く。巻き始めと巻き終わりの2辺を斜めに切り落とし（**E**）、巻き始めから1/3の部分に2cm間隔で浅い切り込みを入れる。

10 **7**の半量を刷毛で全体に塗り、フリュイ・ルージュのソースをところどころに置いてパレットナイフで塗り広げる。**6**を150gのせ（残りは冷蔵庫へ）、塗り広げる（**F**）。

11 巻き始めの位置に**8**を隙間なく並べる。手前の紙とシートの端をつまんで生地を持ち上げ（**G**）、いちごを芯にして巻き始める。1周したら、紙とシートを向こう側に引っぱりながら一気に巻き上げる（**H**）。巻き終わりを下にし、紙の上から定規を差し入れ、同時に生地の下側の紙を強く引っぱって巻き締める（**I**）。そのまま紙で巻き上げ、テープで固定する。冷蔵庫で3時間ほど冷やして形を安定させる。

12 ケーキの表面に残りの**7**を刷毛で塗る。残りの**6**に生クリーム40gとコンデンスミルクを加え、泡立て器でとろみがつくまで混ぜ、ケーキの上に流し、パレットナイフで塗り目をきれいに残して塗る（**J**）。

13 冷蔵庫で3時間以上冷やした後、両端を切り落とし、ショコラブランの枝を飾る。

●ホイップクリーム

6 準備しておいた生クリームのボウルを氷水に当て、ホイッパーをつけたハンドミキサーの低速で泡立てる。とろみがついてきたら速度を上げてツノの先がおじぎをするくらいに泡立てる。冷蔵庫で冷やす。

●シロップ

7 耐熱容器にグラニュー糖と水を入れ、電子レンジで沸騰するまで加熱し、スプーンで混ぜて溶かす。冷ました後、キルシュを加えて混ぜる。

F	G	H	I	J

森のビュッシュ

コーヒー風味のスポンジ生地に、ラム酒入りのコーヒーバタークリームを組み合わせたクラシックなビュッシュ・ド・ノエル。素材も形も日々、スタイリッシュに進化する今、昔ながらの味わいがひときわ新鮮に映ります。

材料 （1本分／27cmのロールケーキ型1枚分）

●コーヒージェノワーズ生地
インスタントコーヒー粉 …… 4g
熱湯 …… 12g
バター …… 8g
植物油（米油や菜種油など） …… 7g
バニラエクストラクト …… 1g
卵 …… 150g
グラニュー糖 …… 80g
牛乳 …… 6g
薄力粉 …… 65g

●コーヒーバタークリーム
バター …… 125g
① ［ インスタントコーヒー粉 …… 5g
　　熱湯 …… 12g
グラニュー糖 …… 75g
水 …… 30g
卵（カラザを除いて溶きほぐす） …… 60g
塩 …… 0.4g（小さじ1/12）
ラム酒 …… 小さじ1

●シロップ
グラニュー糖 …… 12g
水 …… 12g
ラム酒 …… 10g

●飾り
ココアパウダー …… 少量
溶けない粉砂糖 …… 少量

下準備
・コーヒージェノワーズ生地用のバターは溶かす。
・コーヒーバタークリーム用のバターは3等分に切り、室温でやわらかく戻す。
・ロールケーキ型にオーブンシートを敷き込む。

●コーヒージェノワーズ生地

1 ボウルにインスタントコーヒー粉を入れ、分量の熱湯を加えてスプーンで混ぜて完全に溶かす。溶かしバター、植物油、バニラエクストラクトを加えて混ぜ合わせる。

2 P.42の**2**・**3**と同様に行う。

3 **2**をおたま1杯分ほど**1**に加え、ゴムべらでムラなく混ぜ（**A**）、**2**に戻して切るように混ぜる（約25回・**B**）。

4 P.42の**5**と同様に生地を型に流し（**C**）、焼く。

●コーヒーバタークリーム

5 耐熱性の小ぶりなボウルに①を入れ、スプーンで混ぜて溶かす。電子レンジで加熱して沸騰させ、とろりと濃いコーヒー液にする。冷ましておく。

6 ボウルに卵を入れ、ビーターをつけたハンドミキサーの低速でしっかり溶きほぐす。

A　　　　B　　　　C　　　　D　　　　E

●シロップ

10 耐熱容器にグラニュー糖と水を入れ、電子レンジで沸騰するまで加熱し、スプーンで混ぜて溶かす。冷めした後、ラム酒を加えて混ぜる。

●組み立て

11 P.43の**9**と同様に行う。

12 **10**の半量を刷毛で全体に塗り、**9**の半量弱をのせてパレットナイフで塗り広げる（G）。

13 P.43の**11**と同じ要領で巻くが、具材がない分、巻き始めの生地をしっかり立てて巻き込んでいく。

14 ケーキの表面に残りの**10**を刷毛で塗る。残りの**9**を上にのせ（H）、パレットナイフで全体にきれいに塗る。

15 フォークの先を熱湯で温めて湯をふき取り、クリームに木肌模様を描く（I）。冷蔵庫で30分ほど冷やし固める。

→ フォークの刃先についたクリームはその都度ふき取る。

16 両端を切り落とし、1/3の長さで切って切り株に見立てて盛り合わせる。茶漉しでココアパウダーをふり（J）、粉砂糖もふる。

→ P.41のようにチョコレートやメレンゲの小菓子（P.74～83）を添えても、市販の小菓子を添えてもいい。

7 小鍋にグラニュー糖と水を入れ、強めの中火にかけて煮詰める。泡が小さくなり、粘りが強くなったら（D）、火を止める。

8 熱い**7**を**6**に一気に加え、すぐに高速で泡立てる。かさが増え、完全に冷めるまで泡立て続ける（E）。

9 バターを3回に分けて加え、その都度高速でムラなく混ぜ合わせる。なめらかなクリーム状になったら、塩、ラム酒、**5**を加え（F）、ムラなく混ぜる。室温におく。

→ 分離してしまったら、ボウルを湯煎で数秒温めて泡立て直す。

F   G   H   I   J

GÂTEAU CHOCOLAT LES FEUILLES MORTES

deuxième

46

枯葉のガトー・ショコラ

■■■■ ■■■■■■■■ ■ ■■■■■■■■ ■■■■■■ ■■■■■ ■ ■■■■■■ ■■■■
のチョコレートを混ぜて、風味豊かでコクのある仕上がりに。中に甘酸っぱいベ
リーのソースをしのばせてあります。ホイップクリームを添えてどうぞ。

材料（直径15cmのホールケーキ型1台分）

① ・ビターチョコレート
（カカオ分70%）……… 75g
・ミルクチョコレート
（カカオ分40%）……… 25g
・バター……… 60g

② ・卵黄……… 35g
・きび砂糖……… 40g

③ ・アーモンドパウダー……… 25g
・薄力粉……… 25g

メレンゲ
卵白……… 65g
グラニュー糖……… 40g
塩……… 0.5g（小さじ1/10）
キルシュ……… 15g（大さじ1）
フリュイ・ルージュのソース（P.37）……… 75g
溶けない粉砂糖、ココアパウダー……… 各適量
ホイップクリーム……… 適量

下準備
・チョコレートは2種類とも細かく刻む。
・ケーキ型にオーブンシートを敷き込む。

1 耐熱容器に①を入れて湯煎で溶かし、湯から外して温かい場所におく。

2 ボウルに②を入れ、湯煎で人肌程度に温める。湯から外し、ビーターをつけたハンドミキサーの高速でもったりするまで泡立てる。

3 **1**に**2**を加え、泡立て器でムラなく混ぜ合わせ、温かい場所におく。

4 メレンゲを作る。別のボウルに卵白、グラニュー糖小さじ1、塩を入れ、ホイッパーをつけたハンドミキサーの低速で泡立てる。卵白のコシが切れたら速度を上げ、かさが増えてきたら残りのグラニュー糖を加えて泡立て続ける。しなやかできめが細かく、ツノの先がおじぎをするくらいに仕上げる。

5 **3**に**4**の1/4量を加え、ゴムべらでムラなく混ぜる。③も合わせてふるい入れ、粉気がなくなるまで切るように混ぜる。

6 **5**を残りの**4**に合わせ、メレンゲが見えなくなるまで切るように混ぜる。

7 型に1/3量を流し、中央と縁を避けてフリュイ・ルージュのソースをスプーンでぐるりと一周のせる。残りの生地を流し入れ、ゴムべらで平らにする。

8 170℃に予熱したオーブンで35〜40分焼く。中央に竹串を刺して何もついてこなければ焼き上がり。オーブン内で型を天板に軽く落としてショックを与えてから取り出し、型のままケーキクーラーにのせて冷ます。

9 型から外し、オーブンシートをつけたまま刷毛で上面にキルシュを塗る。ラップで包んで涼しい場所に半日おく。

10 ツタの葉をステンシルのように使い、粉砂糖とココアパウダーを茶漉しでふりかける。切り分けてホイップクリームを添える。

⟶ P.46の写真は蔦のショコラ（P.74）でデコレーション。

GÂTEAU RENVERSÉ AUX POMMES ET AUX NOIX

りんごとくるみのアップサイドダウンケーキ

甘くほろ苦くキャラメリゼしたりんごに、くるみ入りのシナモン風味の生地を重ねて焼き上げた自然の恵みあふれるケーキです。ローズマリーのリースを添えて、クリスマスらしい雰囲気に。

材料（直径15cmのホールケーキ型1台分）

●りんごのキャラメリゼ

りんご ……… 正味300g
　　▶ あれば紅玉とふじを混ぜる
グラニュー糖 ……… 60g
水 ……… 大さじ1
バター ……… 18g
レモンの絞り汁 ……… 小さじ1

●くるみ入りバタースポンジ生地

バター ……… 65g
塩 ……… 0.6g（小さじ1/8）
バニラエクストラクト ……… 1g
卵 ……… 100g
きび砂糖 ……… 70g
①［ 薄力粉 ……… 60g
　　シナモンパウダー ……… 2g
　　くるみ ……… 15g ］
くるみ（粗く割る）……… 15g

下準備

- りんごは皮をむき、縦半分に切って芯を取り、横に1.5cm幅に切る。
- ①をフードプロセッサーにかけ、くるみを粉状にしてムラなく混ぜる。
- ケーキ型にオーブンシートを敷き込む。

●りんごのキャラメリゼ

1 フライパンにグラニュー糖と水を入れて強めの中火にかけ、揺すりながら混ぜずに加熱する。濃いきつね色になったらバターを加え、火を止める。りんごをなるべく重ならないように並べ入れ、レモンの絞り汁もまわしかける。

2 再び火をつけ、へらでときどき返しながら全体をキャラメル色にする。火からおろしてそのまま冷ます。

3 型の底に**2**を隙間なく並べ、フライパンに残った焼き汁をまわしかける。

●くるみ入りバタースポンジ生地

4 小鍋でバターを熱して溶かし、火からおろして塩とバニラエクストラクトを加える。

5 別のボウルに卵ときび砂糖を入れ、湯煎で40℃に温める。湯から外し、ビーターをつけたハンドミキサーの高速で泡立てる。もったりしたら、低速で軽く混ぜてきめを整える。

6 準備した①を**5**にふるい入れ、ゴムべらで粉気がなくなるまで切るように混ぜる。

7 **6**をおたま1杯分くらい**4**に加えてゴムべらで十分に混ぜ、**6**に戻して均一な状態になるまで切るように混ぜる。

8 **3**の型に流し、粗く割ったくるみを散らす。170℃に予熱したオーブンで30～35分焼く。表面全体にきれいな焼き色がつき、中心に竹串を刺して何もついてこなければ焼き上がり。型のままケーキクーラーにのせて冷まし、皿をのせて上下を返して取り出す。

　→ 左の写真はローズマリー、クランベリー、くるみでデコレーション。

ギリシャヨーグルトと生クリームを同量合わせてゆるく泡立て、はちみつをかけたものを添えて食べるのがおすすめ。

Cake bijoux aux fruits confits

ケーク・オ・フリュイ・コンフィ

洋酒漬けのドライフルーツをたっぷり混ぜた、クリスマスのためのフルーツケーキ。薄めに切って常温がおすすめ。ラム酒を使って作るので、焼いて9日以上おくと、すべての風味が渾然一体になっておいしさが増します。

材料（9×18×高さ6cmのパウンド型1台分）

① ┌ レーズンのラム酒漬け（P.36）……… 110g
　├ ドレンチェリーのキルシュ漬け
　│　（赤と緑・P.36）　　各15g
　├ オレンジコンフィのブランデー漬け
　│　（自家製）……… 10g
　└ ドライプルーン ……… 75g

バター ……… 80g
きび砂糖 …… 70g
塩 ……… 0.6g（小さじ1/8）
卵 ……… 80g

② ┌ 薄力粉 ……… 80g
　├ アーモンドパウダー ……… 25g
　├ ベーキングパウダー ……… 2.5g（小さじ3/5強）
　├ カルダモン（またはシナモン）パウダー
　│　……… 2g
　└ レーズンのラム酒漬けの漬け汁　大さじ1
熱湯 ……… 大さじ1

下準備
- ①の洋酒漬けは汁気をよく絞る。オレンジコンフィとドライプルーンは5mm大に刻む。ボウルに①をすべて入れて混ぜ合わせ、ラップをかけて半日おいて味をなじませる。
- バターは室温に戻す。
- 卵は湯煎で30℃に温める。
- ②は合わせてふるう。
- パウンド型にオーブンシートを敷き込む。

1 ボウルにバターを入れてゴムべらで練ってクリーム状にする。きび砂糖に塩を混ぜ、バターに2回に分けて加え、その都度よく練り混ぜる。

2 卵を3回に分けて加え、その都度ハンドミキサーにかけたハンドミキサーの中速でよく泡立てる。

3 ②の3/4量を加え、ゴムべらで切るように混ぜる。粉気がなくなったら、つやが出てくるまでさらに40回ほど混ぜる。

4 ①に残りの②を加えて全体にまぶし、3に加えて切るように混ぜて全体にゆきわたらせる。

5 型に入れ、ゴムべらで中央が低くなるように弓なりにならす。170℃に予熱したオーブンで30〜35分焼く。

　→ 中央に竹串を刺して生地がつくようなら、160℃に下げて様子を見ながらさらに10分ほど焼く。

6 焼いている間にシロップを作る。耐熱容器にレーズンのラム酒漬けの漬け汁、分量の熱湯を入れ、電子レンジで沸騰するまで加熱する。

7 焼き上がったら型のままケーキクーラーにのせ、熱いうちに上面に刷毛で6を塗る。粗熱が取れたらオーブンシートごと持ち上げて型から出し、シートの上からラップで包む。冷蔵庫でねかせて味をなじませる。

　→ 食べ頃は1週間後。薄めに切って室温に戻してから食べる。

何種類ものドライフルーツを生地に混ぜ込みます。材料をそろえたり洋酒に漬けたり、手間と時間から生まれる奥深い味わいは格別です。

TORCHE AUX MARRONS
QUI ILLUMINE L'HIVER EN ALSACE

トルシュ・オ・マロン

日本でモンブランの名で親しまれているこのケーキは、アルザス地方では「トル
シュ・オ・マロン」（栗の松明の意味）の名を持つ冬のスペシャリテ。マロンク
リームのコクをコンフィチュールの甘酸っぱさ、焼きメレンゲのカリカリ感が引
き立てます。

材料（4個分）

●モンブランクリーム
マロンペースト（市販・サバトン社製）
　……… 180g
生クリーム（乳脂肪分40%以上）……… 90g
バター……… 12g
ラム酒……… 10〜12g

●組み立て
スペキュロス（P.24）　　　　4枚
　→ または市販のビスケット
ホワイトチョコレート……… 90g
植物油（米油や菜種油など）……… 5g
メレンゲのうず巻き（P.80）……… 4枚
ばらの実のコンフィチュール（P.37）……… 25g
　→ 市販のあんずジャムでもよい
栗の渋皮煮（中粒・汁気をふき取る）……… 4個
生クリーム（乳脂肪分40%以上）……… 90g
溶けない粉砂糖……… 適量
メレンゲの炎（P.80）……… 4個

下準備
・マロンペーストはラップで包み、手でもんで
　やわらかくする。
・モンブランクリーム用の生クリームは耐熱容
　器に入れ、電子レンジで沸騰直前まで温める。
・バターは室温に戻す。
・組み立て用の生クリームは、氷水に当てなが
　らかために泡立て、丸口金（#10）をつけた
　絞り袋に入れ、冷蔵庫で冷やしておく。

●モンブランクリーム

1　ボウルにマロンペーストを入れ、ゴムべらでか
　たまりを少しずつ崩すようにていねいになでつ
　ける。なめらかになったら、熱い生クリームを
　2回に分けて加え、その都度ムラなく混ぜる。

2　バターを加えて混ぜ合わせ、ラム酒も混ぜ込む。
　ラップをかけて室温におく。

●組み立て

3　耐熱容器にホワイトチョコレートと植物油を入
　れ、電子レンジで加熱して溶かし、混ぜ合わせ
　る。

4　台にスペキュロスを並べる（大きければ5cm
　大にカット）。メレンゲのうず巻きの両面に3
　を塗り、スペキュロスの上にのせる。
　→ チョコレートは接着剤とメレンゲの湿気防止の両方
　　の役割。

5　ばらの実のコンフィチュールをスプーンでメレ
　ンゲの上にのせ、栗の渋皮煮をのせる（A）。

6　ホイップクリームを下からうず巻き状に絞り上
　げて全体を覆い（B）、パレットナイフでなめ
　らかにならす（C）。冷凍庫で30分冷やし
　固める。

7　丈夫な絞り袋にモンブラン用口金をつけて2を
　入れる。6の上から左右に2往復絞り、菓子の
　向きを90度回して同様に絞る（D）。冷蔵庫
　で30分ほど冷やす。

8　スペキュロスからはみ出しているモンブランク
　リームをナイフなどで切り取る。茶漉しで粉砂
　糖をうっすらとふり、メレンゲの炎をのせる。

A	B	C	D

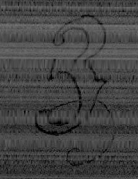

troisième

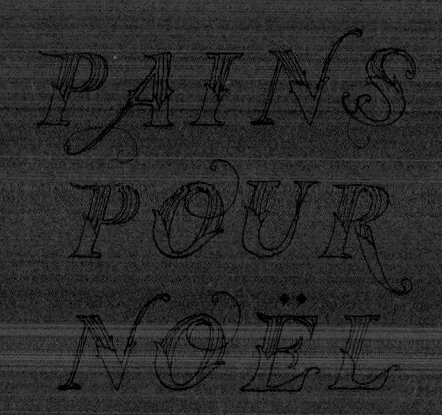

PAINS
POUR
NOËL

3章　パン菓子と発酵菓子

古代ローマの時代から、パンは糧として人びととともにあり、キリスト教の伝播とともに祭事や行事にとり入れられるようになりました。さまざまな形や味わいをもつ発酵菓子のレシピも、背後にある物語に想いを馳せながら作り、味わうと、過去にタイムスリップするような楽しさがあります。

PAIN D'ÉPICES MAISON À OFFRIR

パンデピス

その名の通り、スパイスのパン。パンといっても発酵させるのではなく、ベーキングソーダとベーキングパウダーで膨らませます。ぐるぐるとかき混ぜるだけで、はちみつとスパイス風味の素朴なパン菓子が焼き上がります。

材料（9×18×高さ6cmのパウンド型1台分）

①
- 牛乳 —— 75g
- はちみつ —— 70g
- きび砂糖 —— 35g
- 黒砂糖 20g
- 塩 1.0g（小さじ1/6）

バター —— 55g

卵 —— 20g

②
- 強力粉 —— 150g
- ベーキングパウダー —— 4g
- ベーキングソーダ（重曹）—— 2g
- シナモンパウダー —— 3g ⎫
- ジンジャーパウダー —— 0.6g ⎬ 合計4g
- カルダモンパウダー —— 0.3g ⎪
- クローブパウダー —— 0.1g ⎭

オレンジスライスコンフィ（市販）
—— 20g｜2枚

ワッフルシュガー —— 適量

ホールスパイス（シナモン、カルダモン、スターアニス、バニラビーンズ）—— 各適量

下準備

- オレンジスライスコンフィ20gは5〜7mm角に切り、2枚はたっぷりの熱湯に1日浸して糖分を抜き（焦げ防止）、うち1枚は半分に切る。
- パウンド型にオーブンシートを敷き込む。

1 鍋に①を入れて火にかけ、ゴムべらでムラなくかき混ぜながら温める。沸騰直前に火を止め、バターを加えて混ぜ込む。ボウルにあけて粗熱をとり、卵を加えて泡立て器で混ぜ込む。

2 別のボウルに②を合わせてふるい入れ、角切りにしたオレンジコンフィを加えて粉をまぶす。1を加えて粉気がなくなるまで泡立て器でよく混ぜる。

3 型に入れ、ワッフルシュガーをふりかける。170℃に予熱したオーブンで20分ほど焼いて、生地が膨らんで表面に膜ができ始めたらいったん取り出す。オレンジコンフィの水気をしっかりとふき取ってそっとのせる。すぐにオーブンに戻し、さらに15〜20分焼く。中央に竹串を刺して何もついてこなければ焼き上がり。

4 オーブンシートごと持ち上げて型から出し、ケーキクーラーにのせて冷ます。ホールスパイスをのせ、シートの上からラップで包んで冷暗所に最低1日おいて香りを移す。

⟶ 冷暗所で保存。日持ちは10日間ほど。

KOUGLOF ALSACIEN

クグロフ・アルザシアン　　作り方 P.60

アーモンドを冠したレーズン入りのこのブリオッシュは、アルザスを象徴する郷
土菓子です。うねりのある特徴的な型は、帽子あるいはターバンの形ともいわれ
ています。朝食に、子供のおやつに、大人は白ワインのおともにもどうぞ。

59

クグロフ・アルザシアン

材料

（口径約14cm×高さ約8cmの陶製クグロフ型＝容量750mℓ　1台分）

ドライイースト …… 3g
ぬるま湯（40℃）…… 8g
① ┌ 牛乳 …… 35g
　 │ 卵 …… 50g
　 └ 塩 …… 3g
② ┌ 準強力粉 …… 150g
　 └ きび砂糖 …… 20g
バター …… 60g
レーズンのキルシュ漬け（P.36）…… 60g
アーモンド（無塩・素焼き）…… 適量
型用バター（やわらかく戻す）…… 適量

下準備

・バターは室温でやわらかく戻す。
・レーズンのキルシュ漬けは汁気をきる。
・クグロフ型に型用のバターを刷毛で塗り、底のくぼみにアーモンドを1粒ずつ並べ入れる。

● 予備発酵

1　容器にドライイーストとぬるま湯を入れ、室温に15分おく。

● ミキシング

2　ボウルに①を入れて泡立て器で混ぜ合わせ、湯煎で40℃に温める。

3　別のボウルに②を入れて混ぜ合わせる。**1**、**2** を加え、ゴムべらで切るように混ぜて粉全体を湿らせる。ニーダーをつけたハンドミキサーの低速でこね始め、生地がまとまってきたら中速にし、全体が均一な状態になるまで合計5分ほどこねる（**A**）。

4　**3** をゴムべらで4〜5cm大に切り分け、バターをちぎって散らし入れる（**B**）。再び低速から中速でなめらかになるまで10分ほどこねる。こね上がりの目安は、透けるほど薄くのびるくらい（**C**）。

5　ゴムべらで軽くもみ、生地を広げてレーズンのキルシュ漬けをのせ、生地を縁から折り返してかぶせ（**D**）、レーズンが表面に出ないように練り込む。

● 1次発酵

6　生地の端をすべて裏側にたくし込んで丸め（**E**）ラップをかけて温かい場所（オーブンの発酵機能28℃）で倍の大きさに膨らむまで1時間ほど発酵させる。

A	B	C	D	E

●ベンチタイム

7 軽く押してガスを抜き、軽くもんできれいな面を張らせて端をすべて裏側にたくし込んで丸め直す。ボウルに戻してラップをかけ、室温に15分ほどおく。

●成形・2次発酵

8 中央に指で穴をあけてドーナツ状にし（F）、きれいな面を下に向けて型に入れる（G）。温かい場所（28℃）で型の高さに膨らむまで60〜70分発酵させる（H）。

●焼成

9 180℃に予熱したオーブンで30分ほど、表面がきつね色になるまで焼く（I）。ケーキクーラーの上で型を伏せて取り出し（J）、冷ます。

パン生地をこねるコツ

- 小さめのボウルを使い、ボウルを傾けて片側に生地を集め、ニーダーを生地に押しつけるようにしてこねる（生地が散らばりにくい）。
- 生地がニーダーにからまって離れなければ、ミキサーを止めてカードで生地を落とす。
- 生地が散らばってニーダーに引っかかりにくくなったらミキサーを止め、カードでひとまとめにする。
- ハンドミキサーにかぎらず、ホームベーカリーやこね機でもOK。べたべたした生地なので手ごね向きではない。

F	G	H	I	J

MANALAS – PETITS BONHOMMES DE LA SAINT NICOLAS

聖ニコラのマナラ

かわいい形のミルクパンは、12月6日、聖ニコラの祝日の前夜にみかんと一緒によい子たちに配られるのが習わしです。ショコラ・ショーに浸して食べるのがお約束。実はこのお菓子には、詳細なお肉屋さんの恐ろしいお話があるのです

材料 （長さ12cm 4個分）

ドライイースト …… 3.5g
ぬるま湯（40℃）…… 12g
① ┌ 牛乳 …… 45g
│ 卵 …… 35g
└ 塩 …… 3 g
② ┌ 準強力粉 …… 150g
└ きび砂糖 …… 20g
バター …… 40g
つや出し用溶き卵 …… 適量
レーズン、クランベリー、チョコチップ、
　ワッフルシュガー …… 各適量

下準備
・バターは室温でやわらかく戻す。

● 予備発酵／ミキシング
1 P.60の **1〜4** と同様に行う。

● 1次発酵
2 生地の端をすべて裏側にたくし込んで丸め、ボウルに入れる。ラップをかけて温かい場所（オーブンの発酵機能28℃）で倍の大きさに膨らむまで40〜50分発酵させる。

● 分割・ベンチタイム
3 台に打ち粉をふり、生地を取り出して軽く押し、カードで4等分に切る。きれいな面を張らせて端を裏側にたくし込んで丸める。ふわりとラップをかけ、室温に15分ほどおく。

● 成形
4 台に打ち粉をふり、以下の手順で形を整える。
　1）長さ12cmくらいの棒状にする。
　2）端から3cmの位置に手刀を前後させてくびれを作り（**A**）、頭部を丸い形に整える。
　3）残りの部分を麺棒でやや薄くし（**B**）、カードで左右に1本ずつ、下に1本切り込みを入れる（**C**）。
　4）オーブンシートを敷いた天板に移し、こどもの形に整える。
　5）つや出し用の溶き卵を刷毛で塗り、レーズン（眼）、クランベリー（口）、チョコチップ（ボタン）をしっかりと押し込む（**D**）。

● 焼成
5 温かい場所（28〜30℃）でひとまわり大きくなるまで40分ほど発酵させる。再びつや出し用の溶き卵を塗り、足にワッフルシュガーをふる（**E**）。180℃に予熱したオーブンで18〜20分、全体が色づくまで焼く。ケーキクーラーにのせて冷ます。

A　　　　　B　　　　　C　　　　　D　　　　　E

CHRISTSTOLLE

シュトレン 作り方 P.66

「幼子キリストのおくるみ」を形取った発酵菓子です。生地には洋酒漬けのドライフルーツやナッツをたっぷりと練り込み、焼き上がりを溶かしバターでコーティングし、さらに粉砂糖で厚く覆って保存性を高めるという手の込んだもの。ここではシンプルで滋味深い、昔ながらのレシピをご紹介します。

65

シュトレン

材料（長さ16×幅8cm 2個分）

バター …… 65g

① 準強力粉 …… 30g
ドライイースト（サフ金ラベル）…… 3g
ぬるま湯（40℃）…… 30g

② 卵 …… 30g
牛乳 …… 25g
塩 …… 3g

③ 準強力粉 …… 120g
きび砂糖 …… 20g
カルダモンパウダー …… 1.5g（小さじ1強）
シナモンパウダー …… 1.5g（小さじ1弱）

④ レーズンのラム酒漬け（P.36）…… 85g
オレンジコンフィの
グランマルニエ漬け（P.36）…… 70g

⑤ アーモンドパウダー …… 30g
レモンの皮のすりおろし …… 1個分
スライスアーモンド …… 20g

仕上げ用溶かしバター …… 60g

粉砂糖 …… 適量

下準備

・バターは室温でやわらかく戻す。
・④は汁気を切り、オレンジコンフィは1cm
　角に切る。

● **予備発酵**

1 ボウルに①を入れて泡立て器でムラなく混ぜ合
わせ、室温に30分ほどおく。

● **ミキシング**

2 別のボウルに②を入れて泡立て器でムラなく混
ぜ合わせ、室温におく。

3 **1**に**2**、③を加え、ゴムべらで切るように混ぜ
て粉全体を湿らせる。ニーダーをつけたハンド
ミキサーの低速でこね始め、途中で中速にして
そぼろ状になるまでこねる。

4 ゴムべらで4～5cm大に切り分け、バターを
ちぎって散らし入れ、再び低速から中速、最後
は高速に上げて合計15分ほどこねる。こね上
がりの目安は、透けるほど薄くのびるくらい。

5 別のボウルに④を入れ、⑤を加えてムラなくま
ぶす。

6 **4**の生地をゴムべらで軽くもみ、生地を広げて
5をのせる（**A**）。ゴムべらで生地を縁から
折り返して包み込むように練り込む。

A	B	C	D	E

● 1次発酵

7 生地の端をすべて裏側にたくし込んで丸め（ B ）、ラップをかけて温かい場所（オーブンの発酵機能30℃）で1.5倍の大きさに膨らむまで40〜50分発酵させる。

● 分割・ベンチタイム

8 台に打ち粉を軽くふり、生地を取り出してカードで2等分にし、生地の端をすべて裏側にたくし込んで丸め、それぞれをラップで包んで冷蔵庫で10分おく。

● 成形

9 以下の手順でおくるみの形に整える。
　1）麺棒で縦16cm×横18cmくらいの楕円形にのばす（ C ）。
　2）左端を3cmほど折り返して麺棒で押す。右端を4cmほど折り返し（ D ）、折り山を持ち上げて左端に重ねる（下の生地が1.5cmはみ出すように・ E ）。
　3）生地同士をしっかりと密着させ、中央が山高のなまこ形に整える（ F ）。

● 2次発酵

10 オーブンシートを敷いた天板に並べ（ G ）、温かい場所（28〜30℃）でひとまわり大きくなるまで30〜40分発酵させる。

● 焼成

11 170℃に予熱したオーブンで30〜35分、割れ目にも焼き色がつくまで焼く（ H ）。

● 仕上げ

12 フライパンなどに仕上げ用の溶かしバターを入れ、焼きたての**11**を並べ入れ、刷毛でバターを全面に塗る（ I ）。そのまま冷めるまでおいて全量を吸わせる。

13 30cm四方のラップを2枚並べて広げ、それぞれに茶漉しして粉砂糖をたっぷりふりかけ、**12**を置く。上からも粉砂糖をたっぷりふり（ J ）、ラップでぴっちりと包む。冷暗所でねかせて味をなじませる。

⟶ 食べ頃は3日目以降。乾燥防止のために中央から切り出し、断面同士を密着させて包み直す。切り始めたら冷蔵庫で保存。日持ちは1か月ほど。

F	G	H	I	J

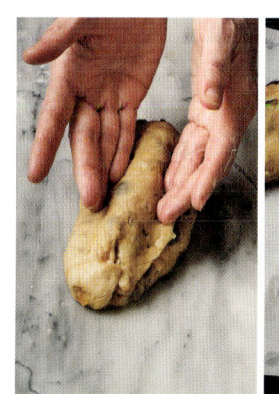    

BOISSONS CHAUDES ET
RÉCONFORTANTES POUR LES FÊTES

ノエルを愉しむ飲みもの

アドヴェントの時期、ヨーロッパの街々の市庁舎前にはずらりと屋台が立ち並び、
クリスマスマーケットが開かれます。人だかりがしているのは、決まって食べも
のの屋台。ソーセージを焼く煙、焼き栗とキャラメルナッツの甘く香ばしい匂い、
ホットワインの寸胴鍋から立ちのぼる、オレンジとシナモンの匂いの白い湯気が
鼻をくすぐります。ご紹介する2つの温かい飲みものから、12月の街の空気が
伝わりますように。

VIN CHAUD

ヴァン・ショー

スパイスをワインで煮出すヴァン・ショー（ホットワインの意）の起源は、ロー
マ時代に遡ります。当時は月桂樹の葉、こしょう、デーツなどを入れていたとか。
中世の頃からシナモンやクローブが、その後カルダモン、オレンジが加わるよう
になりました。アルコールが苦手なら、ワインの代わりにオレンジジュースを使
って「ジュ・ドランジュ・ショー」に、りんごジュースで「ジュ・ド・ポム・シ
ョー」にして愉しむこともできます。ジュースで煮出す場合は香りの強いスター
アニスやしょうがは入れず、シナモンとクローブ、柑橘だけでどうぞ。

材料（7〜9人分）
赤ワイン ────── 1本（750mℓ）
クローブ ─────── 3粒
カルダモン ─────── 3粒
シナモンスティック ─────── 2本
スターアニス ─────── 1個
しょうがの薄切り ─────── 3枚
オレンジの輪切り ─────── 3枚
きび砂糖 ─────── 80〜100g

1 クローブは紙で包んでつぶし、カルダモンはさ
やごと包丁で刻む。シナモンスティックは3〜
4つ割りにするか折る。スターアニスは香りが
強いのでそのまま使う。すべてをお茶パックに
入れる。

2 鍋にワイン、**1**、しょうが、オレンジ、きび砂
糖を入れ、弱めの中火でゆっくり温める。沸騰
直前に火を弱め、5分ほど煮て香りを引き出す。

3 漉してグラスに注ぎ分ける。

カフェやサロン・ド・テで暖をとる人たちには、クリームをたっぷりのせたショコラ・ショーが人気です。ホットココアに似ていますが、チョコレートを溶かして使うため、とろりと濃厚です。

70

Chocolat chaud viennois

柑橘風味のウィーン風ショコラ・ショー

16世紀にアメリカ大陸から初めてカカオがヨーロッパに伝えられてから、薬のような苦い液体に徐々に甘み、香りが加えられ、改良されながらおいしい飲みもの「ショコラ」に発展しました。ここで紹介するのは、オレンジやスパイスで風味をつけたクリスマスブレンドです。温かい飲みものにホイップクリームをのせるのはウィーン流。日本では"ウィンナー"コーヒーがよく知られ、フランスでも"ヴィエノワ"(ウィーン風の意)の名がついています。

材料(2〜3人分)

牛乳 ┈┈ 250mℓ

オレンジの皮(ナイフでむき取る)
　　┈┈ 1/2個分

シナモンスティック ┈┈ 1本

ダークチョコレート(カカオ分65〜70%)
　　┈┈ 50g

カカオパウダー ┈┈ 小さじ1

きび砂糖 ┈┈ 10〜12g

グランマルニエ ┈┈ 適量

生クリーム(乳脂肪分40%) ┈┈ 90mℓ

粉砂糖 ┈┈ 6g

下準備

・生クリームに粉砂糖を加えてゆるめに泡立て、
　冷蔵庫に入れておく。

・オレンジの皮は熱い湯でこすり洗いするか、
　塩みがきしてよく洗い流す。

1 鍋に牛乳、オレンジの皮の4/5量、シナモンスティックを入れ、中火でゆっくり温める。沸騰直前で火を止め、ふたをして30分から半日おいて香りを移す(長くおく場合は冷蔵庫へ)。

2 チョコレートは1cm角に刻み、小鍋に入れ、**1**を50g分加える。へらで混ぜながら中火で熱し、煮立ったらすぐに火を止めて1〜2分おく。

3 泡立て器で**2**を混ぜてチョコレートを溶かし込む。なめらかになったら、カカオパウダー、きび砂糖を加えてひと混ぜする。

4 **3**を再び中火にかけ、泡立て器でかき混ぜながら、残りの**1**を少しずつ加えていく。沸騰直前に火を止め、グランマルニエを加える。

5 漉してカップに注ぎ分け、ホイップクリームを浮かべて残りのオレンジの皮をせん切りにしてのせる。

4

DÉCORS
SUCRÉS FAITS
À LA MAIN

4章　ノエルの小菓子

チョコレートやメレンゲでクリスマスケーキの飾りになる小さなお
菓子を仕立てましょう。ほろ苦い木の蕾、ミルキーな小枝、香ばし
い松ぼっくり、甘いきのこなど、どれも少ない材料で作れます。食
べられる手芸工作をお楽しみください。

LE HOUX ET LE LIERRE EN CHOCOLAT

柊と蔦のショコラ　　作り方 P.76

アマンド・ショコラの松ぼっくり　作り方 P.77

柊と蔦のショコラ

溶かしたチョコレートを木の葉に塗り、固めてそっとはがすと葉脈までがくっきりと写し取れます。ツタは葉の質感が扱いやすくておすすめです。ヒイラギは葉のトゲがかたくて痛いのでご用心。

材料（15〜20枚分）
ヒイラギの生葉*
ツタの生葉* ｝合計15〜20枚
クーベルチュールチョコレート（ダーク）
　　……45g＋15g

＊柄付きの葉が扱いやすい。枯葉や落葉はチョコレートがはがれにくく、適さない。

下準備
・生葉は裏までよく洗い、水気を完全にふき取る。
・クーベルチュールチョコレート45gは1cm大に刻み、15gは5mm大に刻む（**A**）。

1 耐熱ボウルに1cm大のチョコレートを入れ、湯煎か電子レンジで50〜55℃に温めて溶かす（**B**）。

2 5mm大のチョコレートを**1**に一気に加え（**C**）、ゴムべらで混ぜて完全に溶かす。ときどき混ぜながら30〜32℃に下げる（とろみが強まるまで）。

3 生葉の裏面にスプーンで**2**をのせ（**D**）、スプーンの背で塗り広げる。中央と柄のつけ根の部分を厚めにする（はがすときに割れにくい）。
　→ はみ出して葉の表側についたら、指先でぬぐい取る（きれいにはがせなくなるため）。

4 冷暗所にしばらくおいて固める。

5 使う直前に葉をはがす（**E**）。葉の縁や柄を持ち、なるべくチョコレートに触れないように手早く行う。
　→ 溶けやすいので暑い場所で作業しない。葉付きのまま長くおくと葉から水分が出るため早めに使う。

A	B	C	D	E

アマンド・ショコラの松ぼっくり

松かさの正体はアーモンドスライスへのチョコがけです。本物に似せようと試行錯誤した末にこのスタイルになり、ユニークさとおいしさで一躍人気者。森にきのこ狩りに出かけ、松ぼっくりばかり持ち帰った日々をふと思い出します。

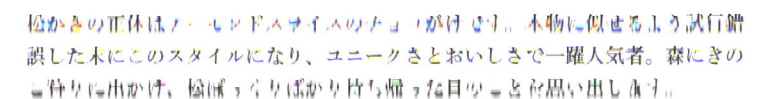

材料（4個分）
アーモンドスライス（形のきれいなもの）
　　　……… 35g
コーティング用チョコレート …… 65g
スペキュロス（P.24）……… 4枚
　　　➡ または市販のビスケット

●自家製マジパン
アーモンドパウダー ……… 15g
粉砂糖 ……… 15g
卵白 ……… 小さじ1（4g）

下準備
・アーモンドスライスは160℃のオーブンで5
　〜6分焼く（オーブントースターで色づく程
　度に焼いてもよい）。

●自家製マジパン

1　ボウルにアーモンドパウダーと粉砂糖を入れて
　スプーンで混ぜ、卵白を少しずつ加えてゴムべ
　らですり混ぜ、かための練りあん状にする。

2　ラップで包んでもみ、粘土状になったら4等分
　にする。

3　手に粉砂糖（分量外）をつけ、**2**を円すい状
　（底面直径2cm、高さ3.5cm）に整える。平ら
　な板にラップを敷いて並べ、上にもラップをか
　けて乾燥を防ぐ。

●組み立て

4　アーモンドスライスの尖った方を**3**の下側（底
　から3mmの高さ）にぐるりと1周挿し、その
　上にまた1周挿し（**A**）、松ぼっくりに見立
　てて合計4〜5段挿す。

5　トップは小さめのものを選んで縦に挿す。30
　分ほど冷蔵庫に入れて固める。

6　耐熱容器にコーティング用チョコレートを入れ、
　湯煎か電子レンジでさらりと流れるくらいの状
　態に溶かす。
　➡ 商品の説明表示より高めに温めて（40℃くらい）さ
　　らりとさせる。温度を上げてもさらりとしなければ、
　　米油や菜種油などの植物油少々を混ぜる。

7　**5**を壊さないように気をつけながら、底によう
　じを刺し、逆さにして**6**に浸す（**B**）。引き
　上げて回転させながら余分を落とす。

8　ようじを抜いてスペキュロスの上に置き（**C**）、
　冷蔵庫に30分入れて固める。

A

B

C

Paysage hivelnal en chocolat blanc

Flocon de neige et Sarment givré de vigne

ショコラブランの冬景色
雪の結晶と枝

ホワイトチョコレートで作る冬のモチーフ。雪の結晶と白銀の小枝。凍い朝、ふとわが貴校が沖った瞬間、白中さないきりと光る、ワイフの田の冬景色から切り取りました。ひとつ添えるとお菓子が華やぎます。

材料（雪の結晶10個＋枝10本分）
クーベルチュールチョコレート（ホワイト）
　　……25g＋25g
アラザン……適量

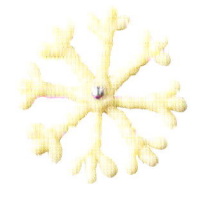

下準備

・P.112の下絵を紙に写し取り、平らな台（裏返したバットなど）にのせ、オーブンシートを重ねる（下絵が透けて見える）。シートをぴんと張ってテープで台に固定する。

・クーベルチュールチョコレートは、半量は8mm大に、残りは3mm大に刻む（A）。

1 ボウルに8mm大のチョコレートを入れ、電子レンジか湯煎で45℃くらいに温めて溶かす。

2 3mm大のチョコレートを1に一度に加え、スプーンでくまなく混ぜて完全に溶かす。ときどき混ぜながら29〜30℃に下げる（とろみがつく）。

3 コルネ袋に入れて袋の先を1.5mm切り、左記のコツを参考にして準備した下絵をなぞる（B）。固まったら、重ねてなぞって厚みを出す、波線にして太さや高さを出すなどして補強する（C・D）。
→ 細いと折れやすいため補強が必要。

4 固まる前にアラザンをのせる。細かいものはまぶし、大きいものはピンセットでのせる（E）。冷暗所で固め、使う直前にシートからはがす。

チョコレートで描くコツ

・チョコレートは温度が変わるとかたさが変わるため、適温になったら手早く作業する。

・コルネ袋への入れ方は、ロイヤルアイシングの作り方の**3・4**と同様に行う（P.20）。

・試し書きをして適温かどうか確認する。チョコレートの温度が高いとたれたり流れたりする。その場合はコルネの先を折り返し、冷ましてとろみを強くする。

・温度が低いと固まってしまう。先の細い部分から固まり始めるので、かたいと感じたら先の方のチョコレートをしごき出して取り除く。

・途中で固まってしまったら、コルネごと電子レンジに数秒かける。

A	B	C	D	E

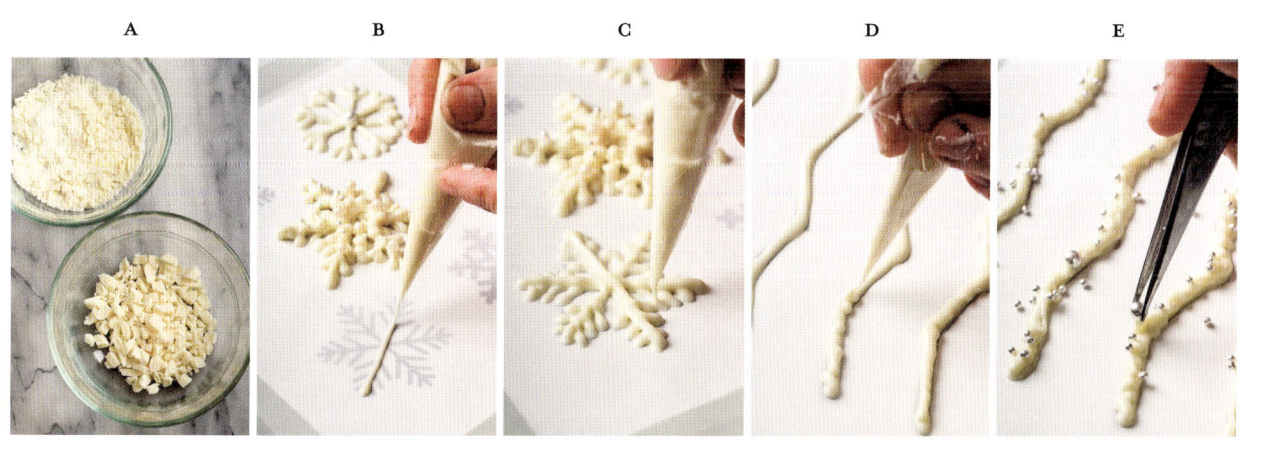

12月のメレンゲ きのこ 炎 うず巻き 作り方 P.82

VACHERIN GLACÉ –
FRUITS ROUGES SOUS LA NEIGE

クリスマスにこんなメレンゲのグラスデザートはいかが？
グラスに粗く砕いたメレンゲ、無糖のホイップクリーム、
フリュイ・ルージュのソース（P.37）、アイスクリー
ム、いちごとフランボワーズを盛り、ショコラブランの雪の結晶
（P.78）を飾ります。

ヴァシュラン・グラッセ ── 赤い果実のヴェリーヌ

12月のメレンゲ
きのこ、炎、うず巻き

卵白が残ったら、焼きメレンゲ作りにぜひ挑戦してください。乾燥焼きに少し時間がかかりますが、さまざまな形に絞るのは楽しいもの。ケーキの飾りや土台に利用したり、グラスデザートのパーツにしたり。ビターチョコレートやホイップクリームとの相性も絶妙です。

材料（きのこ10個＋うず巻き10個＋炎20個分）
卵白 …… 45g
グラニュー糖 …… 50g
粉砂糖 …… 35g
レモンの絞り汁 …… 2滴
アラザン …… 適量
コーティング用チョコレート（ビター）
　　…… 12g
粉砂糖 …… 適量

下準備
・口金を用意する。きのこ、うず巻きは丸口金（#10）、炎は12切星口金（#10）を使用。
・指定のサイズに絞るのが難しければ、天板のサイズの紙に下書きする。直径3cm、2cmの円はきのこ用。5cmの円はうず巻き用。天板に敷き、上にオーブンシートを重ねる（**A**・下書きが透けて見える）。

1 ボウルに卵白、グラニュー糖小さじ1/2を入れ、ホイッパーをつけたハンドミキサーの高速で泡立てる。かさが増えたら残りのグラニュー糖を3回に分けて加えながら泡立て続ける。重みが出てつややかになり、しっかりとツノが立つ状態になったら（**B**）、レモンの絞り汁を加え、低速で30秒ほど泡立ててきめをそろえる。

2 粉砂糖をふるい入れ、ゴムべらで切るように混ぜる（**C**）。粉気がなくなり、全体が均一な状態になったら混ぜ上がり。

3 きのこ／うず巻き：絞り袋に丸口金（#10）をつけて **2** の2/3弱を入れる。下書きにオーブンシートを重ねた天板に以下の要領で絞る。
　1）きのこのかさ：3cm大にこんもりと丸く絞る（**D**）。
　2）きのこの軸：2cm大に丸く絞り出し、上に引き上げて先を尖らせる（**E**）。
　3）うず巻き：中心からうず巻き状に絞って直径5cmにする（**F**）。

炎：絞り袋に12切星口金（#10）をつけて残りの **2** を入れる。オーブンシートを敷いた天板に3cm大に丸く絞り出し、上に引き上げて先を尖らせる（**G**）。アラザンをまぶす（**H**）。

A　　　　　B　　　　　C　　　　　D　　　　　E

4 下書きの紙を引き抜き、90℃（設定できなければ100℃）に予熱したオーブンで60〜70分焼く。スイッチを切り、その余熱圏内に30分ほどおいて乾燥させる。

→ 湿気やすいので密閉容器に乾燥剤とともに入れて保存する。

5 **きのこの仕上げ**：電子レンジでチョコレートを溶かす。ナイフの刃先でかさの裏側の中央にくぼみを作る（ I ）。その面にチョコレートをつけ、軸を差し込む（ J ）。冷蔵庫に30分入れて固める。

F	G	H	I	J

この本のお菓子作りの基本

材料を正確に計量する

正確に計量することがお菓子作りで一番大切です。この本のレシピには1g以下の分量も出てくるので、0.1g単位で計量できるデジタルクッキングスケールが必要です。容器の重さを引ける機能が付いたものが便利です。

バターの温度の戻し方

冷蔵庫から出したばかりの冷たいバターはかたく、他の材料と混ざりにくいため、1cmほどの厚さに切ってラップをかけて室温（20〜25℃）に1〜2時間おいて戻します。目安は指がスッと入るくらい（写真）。時間がないときには、200W（低出力）の電子レンジで、途中で状態を確認しながら5〜10秒ずつ加熱します。

卵の温度の戻し方

冷たい卵はバターなどの油脂分の多い材料と合わせたときに油脂を冷やして固めてしまい、分離しやすくなります。冬は使う1時間前、夏は30分くらい前に冷蔵庫から出して室温（20〜25℃）に戻します。室温が低い場合は、割りほぐして湯温50℃の湯煎*にかけて25〜30℃に温めます。

＊湯煎：材料を入れた容器を湯に浸してじんわりと温める方法。直火加熱と違って高温になりにくい。

バターの溶かし方

バターを小さく切って耐熱ボウルに入れ、湯温60℃の湯煎にかけ、水が入らないように気をつけてゴムべらでかき混ぜて溶かします。時間がないときには、ふんわりとラップをかけ、500Wの電子レンジで20秒加熱します。溶けていない場合はバターが液状になるまでさらに10秒ずつ加熱します。

チョコレートの溶かし方

チョコレートを細かく刻んで耐熱ボウルに入れ、湯温60℃の湯煎にかけ、水が入らないように気をつけてゴムべらでかき混ぜて溶かします。または、ふんわりとラップをして500Wの電子レンジで40〜50秒加熱し、いったん取り出してゴムべらで混ぜ、さらに30〜40秒加熱します。もし溶け切っていなければ、さらに10秒ずつ加熱します。加熱時間はチョコレートの質や量で変わるため、加熱しすぎに注意して、こまめに状態を確認することが大切です。

共立てスポンジ生地の卵の泡立て方

スポンジ生地のように卵を泡立てて膨らませる生地は、温めることでより泡立ちやすい状態になるため、湯煎で温めながら泡立てます（写真）。湯温は60℃、生地の温度は40℃が目安です。温度が高すぎると卵が熱で凝固したり、生地が卵臭くなってしまいます。

生クリームの泡立て方

生クリームを泡立てるときには、クリーム、ボウル、道具、すべてが冷えていることが大切で、ボウルを氷水に当てながら泡立てます（写真）。冷えていないと分離しやすくきめが粗くなり、かさが出ません。乳脂肪分が40％台の生クリームは30％台のものより泡立ちやすい分、分離しやすいので、泡立てすぎに注意しましょう。

生地の混ぜ方

生地やクリームの気泡をつぶしたくない、粘りを出したくないときには、ゴムべらを切るように差し入れて、底から生地をすくい上げて混ぜます（写真）。この動きをボウルをその都度回しながら繰り返し行います。

生地ののばし方

ビスケット生地を指定の厚みにのばすには、ルーラーを使うのが早道です。生地の両脇にのばしたい厚みのルーラーを置き、その上から麺棒をかけるだけで簡単に均一な厚さにできます（写真）。型抜き後に残った生地の端切れは、集めてのばし直して好みの型で抜いたり切ったりして使い切りましょう。

絞り袋の使い方

クリームやメレンゲを絞り袋に詰めるときには、絞り袋の口を外側に折り返し、グラスなどに立てて固定すると入れやすくなります（写真上）。入れた後はカードなどでクリームを先端に向かって押し（中）、口をねじって親指に巻きつけて手でしっかり握り、もう片方の手は先端に添えるだけ（下）。握る力を強めることで絞り出します。

パン生地のこね方

この本では、ハンドミキサーのニーダー（パン用アタッチメント）でパン生地をこねています（写真）。ホームベーカリーやパンこね器はさらに効率よくこねられて便利です。バターの配合量の多いベタつく生地は、手ごねには向きません。

パン生地の発酵

この本では、オーブンの発酵機能（28～30℃の低温設定）を利用してパン生地を発酵させています。室温が高い時期なら、部屋に置いてもいいでしょう（ただし30℃以下）。

型にオーブンシートを敷く方法

パウンド型やロールケーキ型は底の寸法に合わせてオーブンシートを折り、側面のシートに4か所切り込みを入れて重ねます（写真上・下左）。ホールケーキ型は底のサイズ通りにシートを丸く切って敷き、側面はシートを型の高さの帯状に切って敷きます（下右）。

オーブンの予熱

オーブンはあらかじめ温めてから使います。機種によって予熱に要する時間が変わります。生地を待たせないためにも、逆算して予熱を開始しましょう。

お菓子やパンの冷まし方

ほとんどのお菓子やパンは、ケーキクーラー（または脚つきの網）にのせて風通しをよくして冷まします。しっとりと仕上げたいものは型に入れたまま、またはオーブンシートをつけたまま冷まします。表面積の大きいロールケーキ生地は、乾燥を防ぐために布巾などをかけて冷まします。

お菓子やパンの食べ頃と保存方法

ビスケット類は粗熱がとれたらすぐに食べられて、日持ちは長めです。湿気を嫌うので密閉できる缶などに乾燥剤とともに入れ、冷暗所に置きます。

焼き菓子のケーキやシュトレンは焼いた翌日以降、味がなじむにつれておいしさが増します。乾燥を防ぐためにオーブンシートやラップで包み、冷暗所または冷蔵庫に置きます。

パンはほんのり温かいくらいが食べ頃です。冷めたらポリ袋などに入れて乾燥を防ぎ、翌日以降はオーブントースターで温め直すとふっくらして香りも立ちます。冷凍すると2週間ほど日持ちします。

ホイップクリームを使った生菓子は日持ちがしないので冷蔵庫で冷やして早めに食べましょう。

この本の材料

小麦粉

薄力粉、準強力粉、強力粉を使っています。順にタンパク質、灰分の含有量が増え、粘りが出やすくなり、小麦の風味が強くなります。一般にお菓子には薄力粉、パンには準強力粉や強力粉を用います。この本では、薄力粉はヨーロッパタイプの焼き菓子に向く「エクリチュール」を、準強力粉は「リスドオル」、強力粉は「カメリノ」（すべて日清製粉）を使いました。準強力粉がない場合は、強力粉と薄力粉を同量混ぜたもので代用してもいいでしょう。

砂糖

グラニュー糖、きび砂糖、黒砂糖、粉砂糖、ワッフルシュガーを使っています。グラニュー糖はニュートラルなすっきりした甘み。色が茶色味をおびるほどコクが出ます。粉砂糖は溶けやすく、お菓子の仕上げにも使います。溶けないように加工したタイプは仕上げ専用で、クリームや生地に混ぜる使い方には適しません。ワッフルシュガーはかたまり状の白砂糖で、焼いても溶けずに残ります。

塩

自然塩の焼き塩（「伯方の塩 焼塩」「瀬戸の本塩 焼塩」「天鹽やきしお」など）を使っています。1g以下の微量はデジタルスケールでの計量が難しいため、目安として小さじ容量を併記しました。ちなみに指3本のひとつまみが約0.3g。入れすぎに注意してください。

卵

鶏卵は小さいもので45gくらい、大きなもので70gほどとサイズによって重量がかなり違います。溶きほぐして均質な状態にしてから計量しましょう。

バター

食塩不使用のものを使っています。製造過程で乳酸菌を加えて作る発酵バターは、コクがあって風味がよいので、お好みで焼き菓子に使ってもいいでしょう。

生クリーム

生乳を原料とした純生クリームを使っています。本書では、適度なコクとホイップしたときにある程度の保形性がある乳脂肪分40%のものを使っています。ホイップクリームとして使う場合の砂糖の量は、6〜10%を目安に合わせる材料の甘みや好みで加減します。

チョコレート

ビターチョコレート（カカオ分70%・A）、ミルクチョコレート（カカオ分40%・B）、ホワイトチョコレート（C）、チョコチップを使っています。チョコレートの風味が要になるお菓子には、クーベルチュール（一定以上のカカオバターを含む製菓用チョコレート）をおすすめします。かけたり塗ったりする場合には、カカオバター以外の油脂を加えて作業性をよくしたコーティング用チョコレート（D）が便利ですが、生地に混ぜ込んで使用するのには向きません。

ベーキングパウダー／ベーキングソーダ（重曹）

焼き菓子の膨張剤としてアルミニウム不使用のベーキングパウダー（E）を使っています。パンデピス（P.12、56）には、ベーキングソーダ（F）が作る独特の風味と質感が必要です。ただし、量が多いと苦みや強い匂いが残るので、レシピによりベーキングパウダーと併用しています。

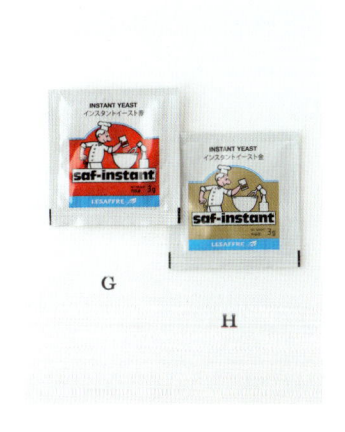

ドライイースト

サフ社のドライイーストを使っています。シュトレンは糖分が多いので耐糖性の金ラベル（H）、それ以外のパンには赤ラベル（G）を使っています。

この本の道具

バニラエクストラクト／アーモンドオイル

一部のお菓子の香りづけにバニラエクストラクト（**I**）、アーモンドオイル（**J**）を使っています。メーカーによって香りに差があるので使用量を加減してください。

アラザン

砂糖にコーンスターチなどを混ぜて丸め、表面を銀箔や金箔などでコーティングしたもので、お菓子の飾りに使っています。大きさは大小いろいろあるので、好みのものを使ってください。

ボウル

大（直径21cmくらい）、中（直径18cm）の2サイズをおもに使っています。ステンレス製は丈夫で軽く、耐熱ガラス製は電子レンジにかけられ、それぞれに利点があります。少し深めの方が材料が飛び散りにくく、傾けてもこぼれにくくておすすめです。副材料の下準備用に、小ぶりな耐熱ガラス製ボウルも用意しましょう。

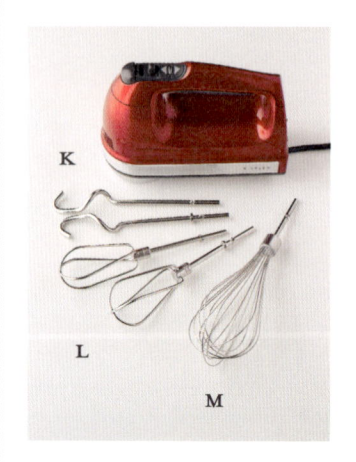

ハンドミキサー

アタッチメントを替えることで1台で何役もこなす電動のミキサー。速度を変えられるタイプが便利です。アタッチメントは写真奥からニーダー（パンこねに使用・**K**）、ビーター（スポンジ生地などに使用・**L**）、ホイッパー（ホイップクリームやメレンゲに使用・**M**）。

泡立て器（**N**）

生地やクリームに空気を含めるときに使います。手になじむサイズ、重さを選びましょう。

ゴムべら（**O**）

生地やクリームを切るように混ぜる、ボウルに残ったものを余さずすくい取るときに使います。ゴム製はしなり具合にコシがあり、シリコン製は高温にも耐えられます。

パレットナイフ（**P**）
カード（**Q**）

生地やクリームをなめらかにならすときに使います。ケーキのデコレーションにはパレットナイフが便利。カードはパン生地を切るときに便利です。

この本の型・口金

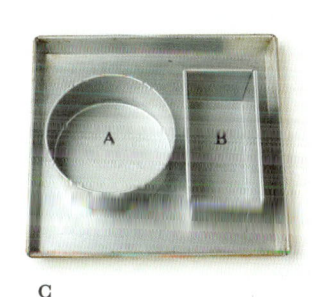

C

ホールケーキ型（A）

直径15cmのものを枯葉のガトー・ショコラ（P.46）、りんごとくるみのアップサイドダウンケーキ（P.48）に使っています。

パウンド型（B）

9cm×18cm×高さ6cmのものをケーク・オ・フリュイ・コンフィ（P.50）、パンデピス（P.56）に使っています。

ロールケーキ型（C）

27cm四方のものを白いビュッシュ（P.40）、森のビュッシュ（P.41）に使っています。

クグロフ型

陶製のものをクグロフ・アルザシアン（P.58）に使っています。この本では口径約14cm×高さ約8cm、容量750mlのものを使っています。

木馬型

145mm×175mmのもの（オーストリア製）をビスキュイ・パンデピスのオーナメント（P.16）に使っています。大きさは好みで構いません（小ぶりな場合は生地の厚みを薄くする）。

抜き型

1章のビスケットにさまざまな抜き型を使っています。形や大きさはここに紹介したものにかぎらず、好みのものを使ってください。

口金

12切星口金（#10・D）は12月のメレンゲの炎（P.80）に使っています。丸口金（#10・E）はアニスパン（P.32）、ビスキュイ・パンデピスのツリー（P.12）とオーナメント（P.16-17）の穴あけ、トルシュ・オ・マロン（P.52）、12月のメレンゲのきのこうず巻き（P.80）に使っています。モンブラン用口金（F）はトルシュ・オ・マロン（P.52）に、8切星口金（#6・G）はマッチ棒のスプリッツ（P.28）に使っています。

フランスのノエルの菓子暦を締めくくるのが、新年1月6日のエピファニー（公現祭）に味わう「ガレット・デ・ロワ」、写真のパイ菓子です。その奥のフィギュアはクレーシュ（降誕場面）のサントン人形。エピファニーには東方の三博士やラクダが加わり、皆で幼子イエスを見守ります。

おわりに

　フランスのクリスマス菓子を広くお伝えしたいと思いながらも、ブレダラやクグロフなど、アルザス地方のお菓子が多くなりました。ヨーロッパのクリスマス文化の中心であるドイツと、お菓子の国フランスの交差点であるこの地方にたくさんの魅力的なレシピがあることがその理由ですが、これには、代々アルザスの家庭を切り盛りしてきた女性たち、アルザシエンヌの功労によるところが大きいと感じます。彼女たちは普段からこまめにお菓子やパンを焼きますが、クリスマスシーズンに作る種類と量の多さには驚くばかり。その情熱と惜し気なく分かち合う寛大さに感服します。彼女たちのそんなエスプリもお伝えしたかったのです。

　パリからフランス南西部のボルドーの片田舎に移り住み、製菓教室を始めた頃、私のクラスに集うマダムは年長のベテラン主婦ぞろいで、むしろ私のほうが教わることが多かったように思います。アルザスのミュルーズ出身のマミー・イヴェットは、その中のひとりです。彼女の家のドアを開けると、毎回違う匂いが漂っています。よく焼けたブリオッシュの卵とバターの匂い、ガトー・ショコラの濃いチョコレートとヘーゼルナッツの匂い、フランボワーズとレモンの皮を煮詰める甘酸っぱい匂い……。作業台一面に発酵中のマナラが並んでいる日もありました。アドヴェントの時期には、焼きたてのブレダラがシナモンやアニスの香りを放ち、傍らにある大きな缶はすでにいっぱいになっています。何日もかけて焼くブレダラは、缶や袋にたっぷりと無造作に詰めるのがアルザス流。故郷に住む娘家族に送り、職場の同僚、マルシェで贔屓のチーズ屋さん、近所の集まりにも気前よく、「これがアルザスのやり方なのよ」と言わんばかりに分かち、ストックが減ればまた焼き足します。

　12月はいつにも増して、贈る喜びを味わえるときではないでしょうか。アルザシエンヌの域ほどでなくても、どうぞこの本をお役立ていただき、皆さんから喜びの輪が大きく広がりますように。きょうもお菓子作りができることに感謝しています。

青山 翠
あおやま みどり

菓子研究家、CAPパティシエ（フランス国家資格）。
東京生まれ、フランス・ボルドー在住。
フランスのパリで製菓、イギリスのロンドンでテーブル装飾を学ぶ。
東京とボルドーで日仏の食文化の紹介、製菓レッスンを開催している。
Instagram@le_vent_des_coquelicots

写真	キッチンミノル
	青山 翠〈P.2-3、8-9、92-93〉
デザイン	三上祥子（Vaa）
スタイリング	こてらみや
図案・版画	矢原由布子
製図	八文字則子〈P.110-112〉
校正	東京出版サービスセンター
編集	美濃越かおる
編集担当	村上妃佐子（アノニマ・スタジオ）
協力	五十嵐美紀子、藤江悦子
	ギャラリーグレース

ノエルの菓子　クリスマスを愉しむ32のレシピ

2024年10月17日　初版第1刷発行

著　者	青山翠
発行人	前田哲次
編集人	谷口博文
	アノニマ・スタジオ
	〒111-0051　東京都台東区蔵前2-14-14　2F
	TEL.03-6699-1064　FAX.03-6699-1070
発行	KTC中央出版
	〒111-0051　東京都台東区蔵前2-14-14　2F
印刷・製本	シナノ書籍印刷株式会社

Noël en France de
A à Z

フランスの12月の
お菓子と暮らし A - Z

Alsace, Alsacien(ne)

アルザス地方、アルザス人

アルザス地方はプロヴァンス地方と並び、フランスのクリスマス菓子を語るうえで欠かせない地域です。フランス北東部に位置し、ドイツ、一部をスイスと国境を接し、首府はストラスブール。神聖ローマ帝国統治下では戦争のたびに蹂躙され、フランス人ともドイツ人とも一線を画した「アルザス人」のアイデンティティと強い郷土愛をもつ人びとが独自の生活文化圏を形成しています。地域的な言語はゲルマン系アルザス方言のアルザス語。美しい渓谷と広大な森林地帯のヴォージュ山脈、丘陵地域のアルザスワイン街道、ライン河岸の美しい風景、平野の豊かな農産物、ゴシック様式の教会、ベゴニアを飾った木骨造（コロンバージュ）の窓辺が続く瀟洒な家並みなど、数々の魅力が人びとを惹きつけてやみません。豊かな土地の産物に支えられ、料理上手や美食家も多く、著名な料理人や菓子職人を数多く輩出している地域でもあります。

Avent／Advent

待降節、アドヴェント

英語では「Advent アドヴェント」、フランス語では「Avent アヴァン」。ラテン語で「到来」を意味する「Adventus アドヴェントゥス」が語源。クリスマスに先駆けて、キリストの到来、降誕を待ち望む期間のことで、11月30日の「聖アンデレの日」に最も近い日曜日から、12月24日のイブまでの約4週間を指します。6世紀の教皇グレゴリウス1世の時代に制定されました。日曜日がくるたびにアドヴェントリースのろうそくを1本ずつ灯し、こどもたちはアドヴェントカレンダーの日めくりを楽しみながら、大人はノエルの準備にいそしみながら、心を静めてクリスマスを待ちます。4回の日曜日はそれぞれ、愛、喜び、希望、平和を表しています。

Bredala

ブレダラ（オ＝ラン県／ライン川上流地域における名称）

アルザス地方でアドヴェントの時期に作るクリスマスビスケットの総称で、小さく平たいパンという意味があります。地域によって名称が違い、「ブレドル Bredle」（ストラスブール／アルザス標準語）、「ブレデレ Bredele」（バ＝ラン県／ライン川下流地域）ともいいます。古代のハレの日の供物であった酵母なしの平焼きパンの名残ともいわれ、ナイフで切り分けたパンの四角やダイヤ形が、抜き型ができてさまざまな姿形に発展しました。アルザスの家庭では、代々受け継がれた古いレシピノートを取り出して驚くほどたくさんのブレダラを焼き、缶にたっぷりと詰めて贈り合う気前のいい習慣があり、おいしいものに出会うと新しいレシピがノートに加わります。ブレダラ作りは11月末に始まり、アドヴェントの間続きます。

Bûche de Noël

ビュッシュ・ド・ノエル、クリスマスの薪

フランスと近隣国のフランス語圏に伝わる薪の形のクリスマスケーキ。19世紀初めにパリ、サンジェルマン・デ・プレの見習いパティシエが創作したともいわれ、20世紀半ばにはフランス全土に広まりました。以前はチョコレートやコーヒー風味のバタークリーム仕立てのものが主流でしたが、近年は氷菓やムース仕立て、フルーツを使った華やかなものなど多彩になりました。パリでは気鋭のパティシエたちが、デザ

イン、テクニック、味を競い合い、モード界さながらのコレクションを発表し、毎年メディアを賑わせています。薪には、古代の冬至祭（ユール Yule）由来の神聖な意味合いがあります。一年で最も長い冬至の夜に大きくて最も美しい丸太を祝福して暖炉にくべる風習がヨーロッパ各地にあり、燃える時間が長いほど幸先がよいとされました。冬至祭がキリストの降誕祭に代わってからも、夜通し薪をくべてクリスマスを祝うという形で薪を崇める伝統が継承されました。

Cadeaux de Noël

ノエルの贈り物

かつてのフランスでは、こどもたちは暖炉のそばに空っぽの靴を置き、オレンジやプレダラ、パンやお菓子が入れられるのを楽しみに待ちました。やがて贈り物の量が増えて入りきらなくなり、クリスマスツリーの下に置かれるようになりました。クリスマスの贈り物の起源はローマ時代の新年の贈り物で、本来は、富める者から貧しい人への食べ物の寄付でした。19世紀半ばまでは12月25日のクリスマスより、6日の「聖ニコラの日」や28日の「幼い殉教者の祝日」、そして新年に盛んに行われていました。プロヴァンスのイブの食事「グロ・スーペ Gros Souper」では、3つに割ったパン1片を困窮した人や通りすがりの旅人にとりおくという風習が残っています。

Calendrier de l'Avent

アドヴェントカレンダー

1から24までの数字が記された窓（または箱）を毎日ひとつずつ開けて、クリスマスまでの日数を数えるカレンダー。こども向けの宗教教育的なものが19世紀にドイツで作られ、のちに広く販売されるようになりました。窓を開けるとチョコレートやキャンディーが出てくるタイプが登場したのは、20世紀半ば以降のことです。

Chants de Noël

クリスマスの歌

世界で最も有名なクリスマスキャロルの「きよしこの夜（しずけき）」は、1818年にオーストリアの教会でオルガンが故障し、急遽ギター伴奏で聖歌が作曲されたという説があり、フランスでの曲名は「やさしい夜、聖なる夜 Douce nuit, sainte nuit」。ドイツ発祥の歌「もみの木 O Tannenbaum」は、フランスでは「美しい私のもみの木、森の王様 Mon beau sapin, roi des forêts」と歌われます。また、フランスのこどもの歌「プチ・パパ・ノエル Petit Papa Noël」は、幼いこどもがペール・ノエル（サンタクロース）を相手に、空から降りてくるときに自分のためのプレゼントを忘れないでと頼みながらも、外が寒かったらそれはちょっと、自分のせいでもあるので、暖かく身支度して来てね、と気遣うかわいらしい歌です。12月6日の聖人を歌った「聖ニコラの伝説 La légende de saint Nicolas」というこども向けの歌もあります。

Chocolat chaud

ショコラ・ショー、ホットチョコレート

およそ2千年前、マヤ人は焙煎したカカオ豆をすりつぶしてトウモロコシの粉と唐辛子を混ぜて飲んでいました。ジャマイカにはすでに1494年、カカオの削りくずを牛乳とシナモンで煮た温かい飲みものがありました。ヨーロッパにカカオ豆がもたらされたのは16世紀で、スペインがアステカを征服してからのこと。砂糖を混ぜ、スペインの修道院でバニラの風味をつけるなどの改良が加えられ、大変高価な「神々の飲みもの」になりました。当時カカオを煮るのに使ったポット「カカオティエール」に撹拌棒がついていることから、ショコラ・ショーが濃厚な液体であったことが想像できます。カカオ豆がフランスのショコラ発祥の地であるバスク地方、バイヨンヌの港に着いたのは17世紀のこと。バイヨンヌには、いまも1800年代に創業した老舗ショコラティエが並んでいます。ノエルのショコラ・ショーにもスパイスがよく合います。カカオとスパイスが稀少であった時代を思うと、一杯のショコラ・ショーにもありがたみが感じられ、心も体も温まります。

Christstolle シュトレン

「シュトレン Stollen」は、ドイツとアルザスのクリスマスシーズンの伝統的な発酵菓子で、粉砂糖で覆う白い仕上げは、おくるみをまとった幼子イエスの姿をあらわしたものといわれます。原型は14世紀初めの棒状のシンプルな白パンで、そこにレーズンや木の実、バターが加えられて祝い菓子に発展し、16世紀以降に「クリストシュトレン Christstollen」「クリスマスシュトレン Weihnachtsstollen」と呼ばれるようになりました。ドイツでは権利抗争を経て、ザクセン州ドレスデンの「ドレスナーシュトレン Dresdner Stollen」を由緒正しいものとし、現地では12月の第2土曜日に盛大なお祭りが催されます。ドレスナーシュトレンの基本材料は、バター、全乳、小麦粉、酵母、砂糖、澄ましバター、砂糖漬けのレモンの皮とオレンジの皮、サルタナレーズン、シナモン、カルダモン、ジンジャー、メース、クローブなどのスパイス、アーモンド、粉砂糖で、マジパンが入ることも。ドイツのクリスマスケーキといえばこれを指し、年末まで食されます。

Cœurs en Alsace アルザスのシンボル、ハート

クリスマス菓子をこよなく愛するアルザス地方のロゴマークは、ハートの形をしたパンのプレゼル（ドイツではブレッツェル）が頭文字のAを抱いているデザインです。ブレダラやパンデピス、アニスパンのシュプリンゲルレもハート型が多く、古い建物のシャッター、壁にはめ込まれたタイル、門扉や庭門などの鉄製の看板、伝統的なアルザス家具、テーブルクロスやナプキンなどにもハートのモチーフが多用されています。ハートは古代人が神に動物の心臓を生贄として捧げたことの名残で、ヨーロッパでは率直さ、勇気と情熱、幸運のお守り、保護のシンボルとして大切にされています。ドイツやオーストリアのクリスマスマーケットに並ぶレープクーヘン（パンデピスと同様の菓子）も、それは大きなハート形をしています。

Couleurs de Noël ノエルの色

フランスでは、クリスマスにツリーやリースを飾るだけでなく、食卓も普段とは趣を変えて特別な雰囲気に設える家庭が少なくありません。クリスマス用のテーブルクロスやナプキン、代々受け継いだ古いお皿や思い出のある銀のカトラリー、燭台などをこの日のために取り出すのです。クリスマスにふさわしいとされる伝統的な色もあり、「赤」はキリストの犠牲、愛と寛大さ、「緑」は永遠の生命と希望、「金」は神聖な光、「白」は穢れのなさ、純粋さや平和の象徴とされ、装飾のベースとして好まれます。最近ではエレガントな「銀」、やわらかさを与える「ローズ」、静かな「ブルー」なども使われます。テーマを決めて2色や3色でコーディネートし、アクセントにツリーやヒイラギなど自然のグリーンを用いると効果的なようです。

Couronne de l'Avent アドヴェントリース

常緑樹の葉で仕立てたリースに4本のろうそくを立てたもの。アドヴェント期間中の日曜日ごとに1本ずつろうそくを灯してクリスマスまでの4週を数えます。19世紀初めにドイツのプロテスタントの牧師が考案したのがはじまりです。こどもたちに毎日、「クリスマスはいつ来るの？」と問われ、20本の小さな赤いキャンドルと4本の大きな白いキャンドルを毎日1本ずつ灯したといいます。アドヴェントの典礼色である紫に合わせ、1、2、4本目を紫、3本目をピンク、5本目を白にするのはカトリックの習慣です。家のドアを飾る緑の葉とリボンのリースはアメリカやイギリスが発祥で、平和とホスピタリティの証しとされています。

Crèche クレーシュ、降誕場面

キリストの誕生シーンを手作りの人形などで再現したセットのことで、アドヴェントの時期にクリスマスマーケットの傍らや教会に設えられます。この風習は13世紀にイタリアで始まりました。フランス革命で教会が閉鎖された時に、プロヴァンスでは土焼きに彩色を施したサントン人形（サントンは小さな聖人の意）が作られるようになり、敬虔な人びとは家庭でクレーシュを設えてノエルを祝いました。苔や草を用いて背景を作り、聖家族に土地の民族衣装に身を包んだ人形も加え、村の暮らしを再

現するという大掛かりなものもあります。毎年少しずつメンバーを増やし、日本のひな人形のように代々受け継ぐ家庭もあります。クレーシュに幼子イエスの姿が登場するのは、クリスマスイブの夜半すぎ。教会のミサが終わると、聖母マリア、父ヨゼフ、牛、ロバに見守られた馬小屋の飼い葉桶の中にイエスが置かれます。1月6日のエピファニー（公現祭）には、東方の三博士の3体が加わります。

Décorations de Sapin

クリスマスツリーの飾り

クリスマスツリーのはじまりは、冬の森から切り出した枝1本の静かなものだったといわれています。いつしかモミの木が選ばれるようになり、16世紀には赤いりんごが飾りとして使われ、ねずみに食べられないようにとツリーごと天井から吊るしたといいます。やがて飾りに「ホスチア」という丸く白い薄パン（キリストをあらわす）が加わり、17世紀にはカラフルな紙製のバラ、金色の真鍮製の天使や金に染めた藁の星、とさらに華やかになっていきます。転じて、りんごはこどもが喜ぶお菓子に代わり、ホスチアはブレダラやシュプリンゲルレになりました。パンデピス、金銀のナッツなども吊るして、1月6日のエピファニー（公現祭）が終わると、ツリーを激しく揺さぶってお菓子を落として楽しんだとか。1858年、天候不順でアルザスの一地域のりんごが全滅。これを機にりんごを模したガラス玉がたくさん造られるようになりました。現代のツリー飾りは、先祖から受け継いだ古いもの、旅先で少しずつ集めたもの、マルシェで見つけた天使やガラス玉など、実にさまざま。トップには星を飾ります。

Épiphanie

エピファニー、公現祭、1月6日（降誕節12日目）

ベツレヘムの馬小屋で生まれたキリストのもとに、星に導かれて東方の三博士（Rois Mages 占星学者）が礼拝に訪れたことを記念する日。一般的には、アドヴェント入りから公現祭までがクリスマスとされ、プロヴァンス地方ではさらに長く、2月2日のシャンドゥルー（聖燭祭：太陽を模したクレープを食べる日）までとして、その日にサントン人形を片づけます。

Galette des Rois

ガレット・デ・ロワ、王様のガレット

1月6日、エピファニー（公現祭）に食べる、パイ生地でアーモンドクリームをはさんだ丸いお菓子（P.94の写真）。プロヴァンスやボルドー地方など南部の地域には、

オレンジフラワーウォーターで香りづけした王冠型のブリオッシュ「ガトー・デ・ロワ」もあります。どちらも中にフェーブ（そら豆を意味する小さな陶製人形）が入っていて、切り分けたものの中にフェーブをみつけたら、その日は王様としてふるまうことができ、フランス人は1月の間、繰り返しこのゲームに興じます。フェーブ入りのお菓子は、5世紀頃まで行われていた古代ローマのサトゥルナーリア（農耕神祭）での地位の逆転ゲームが起源といわれ、「小さいものは大きくなる」をモットーにお祭りの間は奴隷も王のように楽しみました。

現代のエリゼ宮（大統領官邸）では、毎年1月5日に直径1.2mの巨大ガレットの儀式が行われます。ただし、「共和制のフランス大統領府に王様は不在」と表明し、王様ならぬ「平等のガレット」という名の、土冠もフェーブもないものが登場します。

Gros Souper et Treize desserts

グロ・スーペと13のデセール ― プロヴァンスのイブの夕食

フランス南東部プロヴァンス地方のイブの食事は、「グロ・スーペ Gros Souper」に「13のデセール Treize desserts」が続く特徴的なもので、食卓の設えから食材に至るまでしきたりにそって用意されます。本来、グロ・スーペは、ミサに行く前の夜食の位置づけで、かつてアドヴェントは節制の期間だったため肉食を避け、メニューは野菜と魚介、卵料理などで構成されます。

食後の「13のデセール」は、地中海諸国の食材ばかりを集めたものです。「13」は、最後の晩餐の食卓についたイエスと12人の使徒の数にちなみます。4人の托鉢僧の僧衣の色に似た、レーズン、いちじく、デーツ、ヘーゼルナッツ、善悪をあらわす白と黒のヌガー、キリストを象徴するデーツ、そのほかマルメロのペクチンゼリーや果物の砂糖漬け、アーモンド菓子のカリソン・デクス、オリーブオイル入りのパン、揚げ菓子のオレイェット、新鮮な果物などの中から13種類をたっぷりと皿に盛りつけ、果汁を温めて発酵させた甘いワイン、ヴァン・キュイを添えます。

Jouets de Noël, Cheval à bascule

ノエルのおもちゃ、揺り木馬

クリスマスにこどもたちにおもちゃを贈る習慣の起源は古代ギリシアにあり、ローマ、ケルトの文化圏で行われていたサトゥルナーリア（農耕神祭）の贈り物の習慣が発展し、クリスマスに引き継がれたといわれています。古代のおもちゃは、木、土、粘土、藁など自然の素材で作られ、中世のヨーロッパでは、一般的には木や布、皮で作られた馬や人形、ボールなど素朴なものが中心でしたが、豊かな家庭ではボート、置き時計、精巧な操り人形などもありました。また、こどもの宗教教育のために聖書の場面を描いた木のおもちゃもありました。17世紀に揺り木馬がイギリスに登場し、19世紀に一般化してからは古典的おもちゃの典型となりました。ヨーロッパの骨董市でこの時代の揺り木馬をみかけることがあります。その後、木製のおもちゃは金属やプラスチック製へと取って替わっていきますが、フランスではアルザスとロレーヌ地方の境界線をなすヴォージュ山脈の広大なブナや松林の豊富な資源の恩恵を受けて、いまも多くの優れた職人が木のおもちゃの伝統を守り続けています。

Kouglof

クグロフ

アルザス人が「アルザス料理の宝石」と称え、大切にしているレーズン入りのブリオッシュ。中央に穴のある独特の美しいうねりを持つ型で焼く、シンプルでありながら

風味がよく滋味のある発酵菓子です。スフレンハイム Soufflenheimという町で作られている釉薬のかかった陶器型は秀逸で、これを使うと型離れがよく、ほれぼれするような焼き色、きめに焼き上がります。クグロフにはアルザス語で「ターバン」の意味があり、菓子の発祥には諸説あります。東方の三博士がキリストの誕生を知ってベツレヘムに向かう途中、アルザスの小村リボヴィレの陶器職人の家に一泊しました。三博士はそのもてなしのお礼に夜のうちにターバン型をした陶器の型でお菓子を焼いたというのが、リボヴィレ発祥説。東方の三博士のひとりが、ベツレヘムのイエスのもとを訪問した際、アーモンド形のダイヤモンドをあしらった金糸のターバンを忘れ、のちにそのターバンがストラスブールのパティシエの手に渡り、クグロフ型として使用されたというのが、ベツレヘム・ストラスブール発祥説。また、マリー・アントワネットの好物だったというのがオーストリア発祥の定説です。ドイツ、オーストリアのクーゲルノップフ（Gugelhupf）は、発酵生地よりバタークーヘ生地で焼かれることが多いようです。

Mannala de la Saint Nicolas

聖ニコラのマナラ

こどもの守護神、聖ニコラの日（12月6日）に食べる、人の形のパンのことで、15世紀から作られています。「Mannala マナラ」はアルザス南部のライン上流地域オ=ラン県での呼び名で、北部のライン川下流地域のバ=ラン県とストラスブールでは「Mannele マヌル」ともいい、アルザス語で「善良な人」を意味します。
こどもたちは、前日の5日の夜にマナラとクレマンティーヌ（みかん）をもらい、翌6日の朝ごはんかおやつの時間にショコラ・ショーに浸して食べるのだそうです。ドイツ、スイス、ルクセンブルク周辺にも同じようなパンがあります。マナラの形は本来は聖ニコラをあらわしますが、3人のこどもとする以下の謎めいたお話もあります。ある飢饉の年、落ち葉拾いに出かけた3人のこどもが、肉屋に一晩の宿を求めました。しめしめと招き入れた肉屋の夫婦はこどもたちを塩漬け樽の中に放り込みました。7年後に天使から知らせを受けた聖ニコラが肉屋に立ち寄り、食べものを乞いました。肉屋がハムやローストをすすめると、聖ニコラは静かに「7年前のあの塩漬け肉がほしい」と告げます。肉屋は逃げようとしましたが結局、罪を詫び、神に赦しを乞いました。聖ニコラが塩漬け樽の上で指3本を広げると、奇跡が起こって樽の中のこどもたちが次々に、まるでいままで眠っていたかのように生き返りましたとさ。

Marché de Noël

マルシェ・ド・ノエル、クリスマスマーケット

シナモンやりんご、甘いショコラやキャラメルナッツの香りがあふれ、ツリーに飾るさまざまなオーナメントがずらり並ぶ、アドヴェントのクリスマスマーケットは、フランスだけでなくヨーロッパ各地で催され、寒さも時間も忘れてしまうほどの楽しさです。クリスマスマーケットの起源は、神聖ローマ帝国統治下の13〜14世紀頃のドイツまたはウィーンといわれ、当初は「聖ニコラマーケット」という名で催され、のちに宗教改革のあおりで「クリストキンデルマーケット」に変わりました。ストラスブールのクリスマスマーケットは1570年、ニュルンベルクでは1628年に始まり、大聖堂の前に立つマーケットの規模の大きさと熱気に圧倒されます。アルザスでは郊外の町や村でもたくさんのクリスマスマーケットが開かれています。地元の人たちに交じって、ゆっくり巡るのもいいものです。

Noël　ノエル、クリスマス

クリスマスは、イエス・キリストの誕生を記念する祝祭で、ローマ帝国の時代からヨーロッパで受け継がれてきたキリスト教の伝統行事です。フランス語のノエルNOËLは、ラテン語の「Nātālis（誕生の）」が語源、英語のCHRISTMASは、キリスト（Christ）のミサ（Mass）という意味です。

12月25日という日付にキリストの誕生日の意味はなく、生誕を記念する日です。宗教史の仮説では、ローマ帝国が3世紀後半にローマ暦の冬至に当たる12月25日に不滅の太陽神の誕生祭を導入し、のち4世紀初頭にキリスト教がローマ帝国の国教となったときに、この日にキリストの生誕を祝うことに定めたと説明されています。伝統的には12月25日（主の降誕）から1月6日（主の公現）までの12日間をクリスマス（降誕節）としますが、教会暦では主の公現後の主日（日曜日）までを採用するため、期間が年によって変わります。時代を経て宗教的な意味合いが薄くなり、文化的なホリデーシーズン、冬の祭典としての特性が際立つようになりました。現代のフランスのクリスマスシーズンは、全国のイルミネーションに始まります。パリでは、シャンゼリゼの長い街路樹や大型店のファサードが点灯し、地方都市もこぞって大がかりな街路装飾を施します。町や村々も、役場前のメインストリートに電球のアーチを飾り、劇場や教会ではコンサートや催しが開かれます。ブティックは人々で賑わい、クリスマスマーケットには家族連れが行き交い、年間で最も華やぐシーズンです。

ノエルは家族、親族と過ごすもの、とフランス人はいいます。多くの人が自宅で家族とともに食事をするので、大勢が集まる家は迎える準備に追われ、ツリーを買って25日のクリスマスまでに飾りつけをします。この日は飲食店や商店も休業し、街は静か。学校もこの時期は2週間のノエル休暇。教会では24日は夜のミサ、25日は午前中にミサがあげられます。こどもがいる家ではツリーの下にプレゼントを並べ、大人も贈り物を交換します。おしゃべりに飽きたら、みんなで散歩をするなどして気ままに過ごします。

Pain d'anis　アニスパン

アドヴェントの時期にアルザス地方、ドイツ、スイスで古くから好んで食されているアニス風味のビスケット（ドイツ語ではアニスブロート）。生地を丸く絞って焼くアニスブレダラ、精巧な柄入りの木型（本来は梨の木製。いまはレプリカが多い）で象るシュプリンゲルレは、どちらも生地を乾かしてから焼くことで真っ白に仕上げます。16世紀の記録に、アニスパンはアルザスのブレダラの中で最も古いという記述があります。装飾的な模様の多くは宗教的なモチーフや自然、動物などで、昔はクリスマスツリーの飾りでもあり、中世初期の金型が残っています。このお菓子の風味の特徴であるグリーンアニスは地中海原産のスパイスで、欧州各地で9世紀頃から栽培され、しょうがとともに早くからアルザスでも使われました。

Pain d'épice　パンデピス

はちみつとスパイス入りの生地を型に入れて焼く、やわらかめのお菓子をパンデピス（スパイスパンの意）と呼び、かたいものをビスキュイ・パンデピスと呼びます。原型は古代エジプトやギリシアのはちみつパン。はちみつに小麦粉やごまなどを混ぜた

もので、もとはスパイスは使われていませんでした。十字軍が12～13世紀に、このはちみつパンと東洋のスパイスをドイツとフランスに持ち帰ったのをきっかけに、スパイス入りのものがクリスマスの祝祭菓子として、北ヨーロッパ、フランスではアルザス、ランス、ディジョンの修道院のネットワークを通じて広まりました。1453年の記録に、パンデピスがシトー会士のクリスマス休暇の食卓にあったという記述が残っています。陶製の型や木彫りの鋳型を使ったものは、19世紀以降に作られるようになりました。

フランスには、地方ごとにさまざまなパンデピスがあります。アルザス、ランス、ディジョンなどに名高いものがいくつかあり、配合する粉やはちみつの種類などの材料、そして製法にも違いがあります。

クリスマスシーズンにはフォワグラに添えて食べますが、年間を通しておやつや惣菜として食べられています。ビスケットタイプには細長い舌の形、ハート、聖ニコラなどの宗教的人物、動物、歴史的な建造物などさまざまな形があります。

Plantes de Noël クリスマスを彩る植物

ヨーロッパでは、古代ギリシアやローマの冬祭りや冬至祭の時代に用いられていた常緑の葉や丸太が、生命力と幸運の象徴としてクリスマスの儀式や装飾に受け継がれました。代表的な植物をご紹介しましょう。

［ヒイラギ］
イエス誕生後、マリアがヘロデの幼児迫害からイエスを守るためにとげのあるヒイラギの木に身を潜めて聖母子は難を逃れました。マリアはヒイラギの木を祝福し、ヒイラギは聖木となりました。

常緑樹で冬でも葉をつけるので、永遠の常緑と不死、保護の象徴といわれます。ツタとともに、イギリスのクリスマスキャロル「ヒイラギとツタ The holly and the ivy（讃美歌第2編217）」に、イエス・キリスト降誕と聖母マリアを讃えて「ヒイラギとツタは　生い茂りてともどもに　主をあがめ冠をつくる」と歌われています。

［ツタ］
古代ギリシアやローマでは、ツタの花と緑の葉を神聖なものとしていました。古代ケルトのドルイド教では、ツタは女性の神を象徴するものとされ、そこから聖母マリアのシンボルとなり、クリスマスを彩る植物となりました。

［ヤドリギ］
ヨーロッパで古くから神が宿る木、魔除けとされ、落葉樹に寄生する常緑樹としての姿が、不死、活力、再生と強い生命力の象徴とみなされました。クリスマス、特に大晦日に、家族全員と訪れるお客の平和、健康、幸福を祈願してドアや窓に吊るします。ヨーロッパでは、新年の多幸と繁栄を祈ってヤドリギの下でカップルがキスをする習慣があります。「ヤドリギの下で出会う2人の敵は、休戦を守らなければならない」という平和的な言い伝えもあります。

Provence, Provençal(e) プロヴァンス地方、プロヴァンス人

地中海に面したフランス南東部のプロヴァンス地方は、アルザス地方と並んでフランスのクリスマスを語るうえで欠かせない地域です。イタリアとスペインに挟まれた要衝の地にあり、古代ローマ以来、幾多の王国が足跡を残している土地柄で、首府はマルセイユ。エクサンプロヴァンス、アルル、アヴィニョンの街や、ラヴェンダーで有名なリュベロン地方が含まれます。紺碧の地中海、山脈や渓谷、ぶどう畑やオリーブの木々の連なりに石造りの民家がなじむ、絵に描いたような風光明媚な風景が人々を惹きつけます。プロヴァンスのアドヴェントは12月4日、麦粒を発芽させて翌年の吉凶を占う「聖バルバラの麦」の種まきから始まります。サントン人形市の開催、壮大なクレーシュの設え、イブのカチョ・フィオ（薪の儀式）、グロ・スーペと13種のデセールの食事でノエルを迎え、パストラル（演劇のクレーシュ）やパストラージュ（羊飼いの行進）が行われます。年明けにエピファニー（公現祭）を祝い、2月2日のシャンドゥルー（聖燭祭）までが一連のノエルの行事です。

Repas de Noël　クリスマスの食事

フランスでは宗教上の伝統で、24日のイブの献立は肉類を避け、軽い食事（repas maigre 痩せた食事の意）をとるのが慣わしでした。その名残で、イブには魚介類中心の軽めの夕食をとり、翌25日のクリスマスの昼食を豪勢にする家庭もあります。この時期にはマルシェや街角に牡蠣売りが立ち、行列ができる光景がみられます。
クリスマスメニューの典型例をご紹介しましょう。
［前菜］生牡蠣、フォワグラのテリーヌ・いちじくのコンフィ添え、乾杯のシャンパーニュとともに
［魚介料理］ほたて貝やオマール海老、燻製サーモンなどを白ワインとともに
［肉料理］栗を詰めた七面鳥、シャポン鶏、ホロホロ鳥、ジビエ（野禽、シカ、イノシシ）などを赤ワインとともに
［付け合わせ］じゃがいものピュレ、きのこ類のソテー、サラダ
［チーズ］各種
［デザート］ビュッシュ・ド・ノエル
［食後］ミニャルディーズ（ブレダラなどの小菓子）、カフェ

Réveillon du nouvel-an　大晦日

フランスの若者の間では、クリスマスは家族と、大晦日は友人と過ごすのが慣習です。パリのシャンゼリゼやエッフェル塔のカウントダウンには毎年、大勢の人が集います。陽気にはしゃいで、かなり羽目をはずしても許される日のようです。ヨーロッパでは、古代から大晦日には、悪霊を追い払うために音を立てていたということです。

Rois Mages　東方の三博士

星に導かれて1月6日のエピファニー（公現祭）に、オリエントからベツレヘムのイエスのもとに礼拝にやってきた占星学の三博士、メルキオール、バルタザール、ガスパール。3人はそれぞれ、黄金（王権）、乳香（神聖）、没薬（受難）の贈り物を携えています。

Saint Nicolas　サン・ニコラ、聖ニコラ

3～4世紀に小アジア（現トルコ）のリュキアに生存したミラの司教、聖人。12月6日（帰天日）が聖ニコラの日。ミトラ（司教冠）をかぶり、上部がとぐろを巻いた杖（権杖）を持った姿が特徴です。祭服、マントの色は白や赤、緑など。ミラの司教であったニコラが、肉屋に塩漬けにされた3人のこどもを甦らせたという逸話（⇒ Mannala マナラ）などから、こどもの守護聖人とされています。12月6日に数人のお供を伴って現れ、善の使者としてこどもたちにお菓子（マナラ、ドライフルーツ、りんご、ケーキ、キャンディー、チョコレート、特に大きなパンデピスなど）を配ります。ヨーロッパで広く崇敬されましたが、宗教改革派が聖人崇拝を禁じたことから、ニコラにまつわる行事とその名を冠した各地のクリスマスマーケットがことごとく廃止されました。

なお、フランス語のサン・ニコラは、オランダ語でシンタ・クラース、英語でサンタ・クロースとなりますが、サン・ニコラとシンタ・クラースは12月6日にプレゼントを配り、サンタ・クロースとのちにフランスに登場したアメリカ人気質のペール・ノエルは25日のクリスマス当日にプレゼントを配ります。

Sapin de Noël

サパン・ド・ノエル、クリスマスツリー

フランスでは11月の終わり頃からモミの生木を売る、モミの木市（マルシェ・ド・リバン）が立ち、毎年、天井に届くほど大きなモミを買う家もあります。常緑樹は自然との約束、希望の象徴といわれます。針葉樹の春が続くライン川流域の伝統であるモミの木のクリスマスツリーは、中世にはじまりましたが、冬至の頃に家を木の枝で飾る習慣はキリスト教以前の時代からありました。クリスマスツリーに関する最古の資料（1521年）が残るアルザスのセレスタ（Sélestat）の町は、ツリー発祥の地といわれています。1738年にポーランドの画家、王妃マリー・レクザンスカが装飾しましたが、19世紀以前はプロテスタントの習慣としてフランスより先にドイツで広まりました。アルザス一帯にクリスマスツリーが定着した1870年に普仏戦争が勃発し、アルザスはフランスから分離され、ドイツの領土となりました。これを機にフランス、アメリカほか外地に出て行った人たちが「アルザス家庭があるところにサパンあり」と、ツリーの文化の伝播に貢献したといわれています。

Saturnalia

サトゥルナーリア、農耕神祭

クリスマスの祝祭の起源といわれる、古代ローマの農耕神祭。12月17日から23日（ローマ暦およびユリウス暦）に催され、特徴は社会的役割やふるまいを入れ替えて、王が奴隷に大盤ぶるまいをするなどの無礼講と馬鹿騒ぎをすることでした。フェーブを引き当てると誰もが王になれる王様のガレット遊び（⇒ Galette des Rois ガレット・デ・ロワ）が行われていたこと、年末年始に贈り物をする習慣や謝肉祭など、キリスト教の祭儀、儀式、習慣にはサトゥルナーリアに起源するものが少なくありません。

Spéculoos

スペキュロス

スパイス入りのビスケットで、17世紀に現在のベルギー、フランドル（旧スペイン領ネーデルラント）で作られたのがはじまりです。シナモン、カルダモン、クローブなど、アジア産のスパイスを用いた大航海時代の産物ともいえるお菓子で、当時は祭事など特別な機会に作られる高級品。12月6日には聖ニコラの形に作られました。スパイスの価格の安定に伴い、ベルギー、オランダ、ドイツのライン川流域、フランスでははじめにフランス領フランダースで、以後、アルザスでアドヴェントのお菓子として広く作られるようになりました。教会、風車などの建造物、民族衣装姿の人形など、さまざまな形がみられます。現在は季節を問わず、ヨーロッパではコーヒーに添えて供されます。ドイツでアドヴェントに作る「シュペクラティウス Spekulatius」も起源は同じです。

Torche aux marrons

トルシュ・オ・マロン、モンブラン

アルプスの最高峰の名をいただく「モン・ブラン Mont Blanc」は、マロンペーストと生クリーム、焼きメレンゲを重ねるクリーム菓子で、すでに15世紀にイタリアで「モンテ・ビアンコ」の名で作られ、1620年頃にフランスに伝わったとする説があります。また、20世紀初頭にパリのサロン・ド・テ「アンジェリーナ」の主人、アントン・ランペルマイヤーが、当時の女性のヘアスタイルのショートボブから着想を

得て、ひとり用のプチガトーに仕立てたのがはじまりともいわれ、出自は不明です。アルザスでは「トルシュ・オ・マロン」（栗の松明の意）というフランス語名のほかに、「コウノトリの巣 Storichenescht」というアルザス語の別名をもつ冬のスペシャリテで、12月のサロン・ド・テでは、多くの人がこれを選んでいる印象があります。森で栗拾いをしてマロンペーストを自家製し、大きなお皿に山高に盛りつけて大きなトルシュに仕立てる人もいます。アルザスの家庭菓子の醍醐味です。

Vin cuit　ヴァン・キュイ

プロヴァンス地方で生産されるクリスマス用のデザートワイン。ぶどう果汁をオレンジやクローブとともに濃いシロップ状に煮詰めて樽で発酵させて作る甘いデザートワインで、イブの「13のデセール」と一緒に楽しむために生産されています。16世紀の医師で占星術師であったノストラダムスは、プロヴァンスに暮らし、コンフィチュール研究の大家でした。当時甘いものは薬として珍重されていて、ヴァン・キュイもそういうものだったのです。

Yule　ユール、冬至祭

クリスマスの祝祭の起源のひとつとされる、古代ヨーロッパのゲルマン民族やスカンジナヴィアのヴァイキングたちの間で祝われた冬至祭。冬至は現行の太陽暦で12月22日頃。北欧諸国では、現在でもクリスマスのことをユールと呼び、ユールに薪を燃やす伝統はキリスト教のクリスマスに継承され、ユールログ（丸太）はお菓子のビュッシュ・ド・ノエルの原型にもなりました。

菓子の型紙

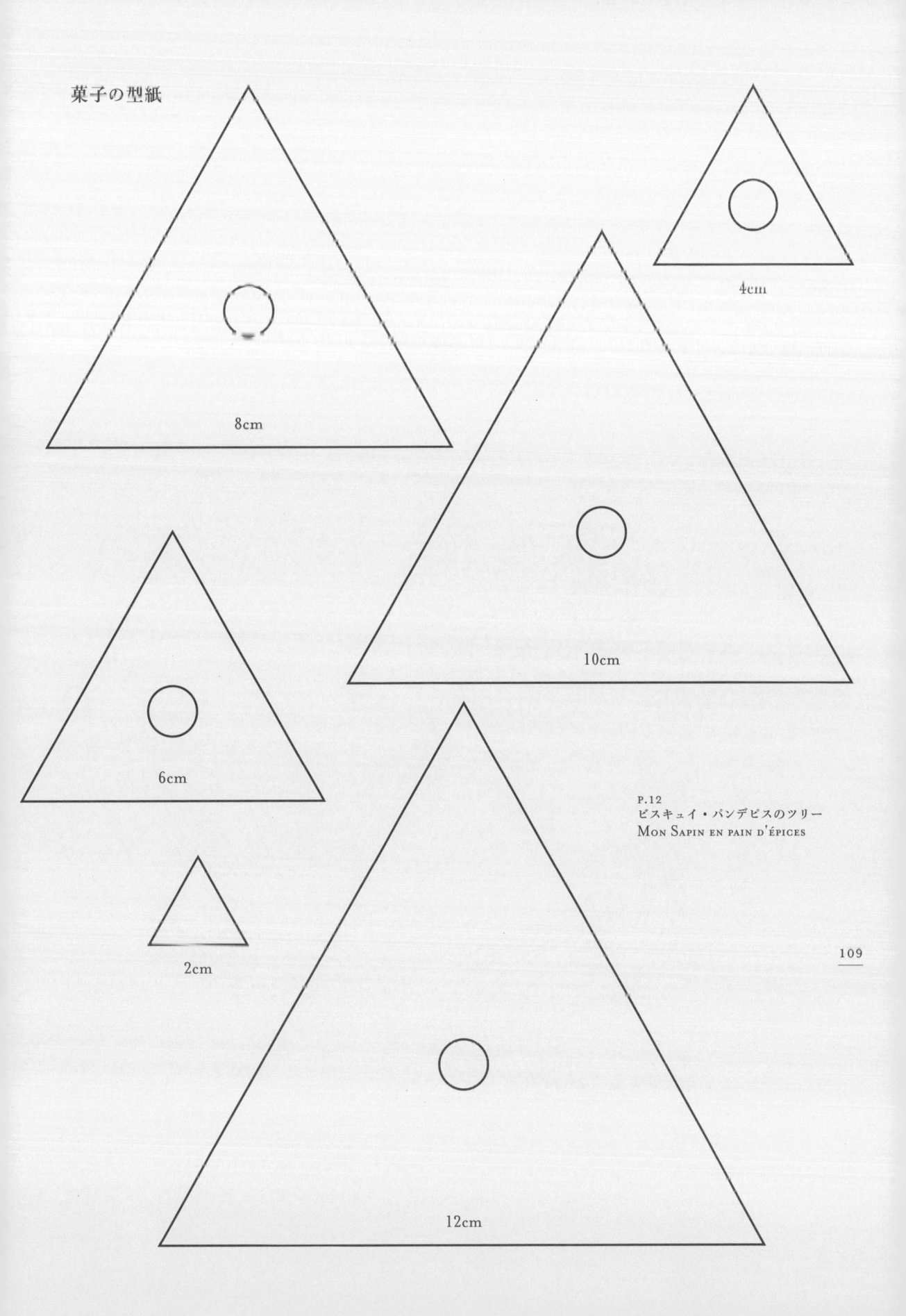

4cm

8cm

10cm

6cm

P.12
ビスキュイ・パンデピスのツリー
MON SAPIN EN PAIN D'ÉPICES

2cm

12cm

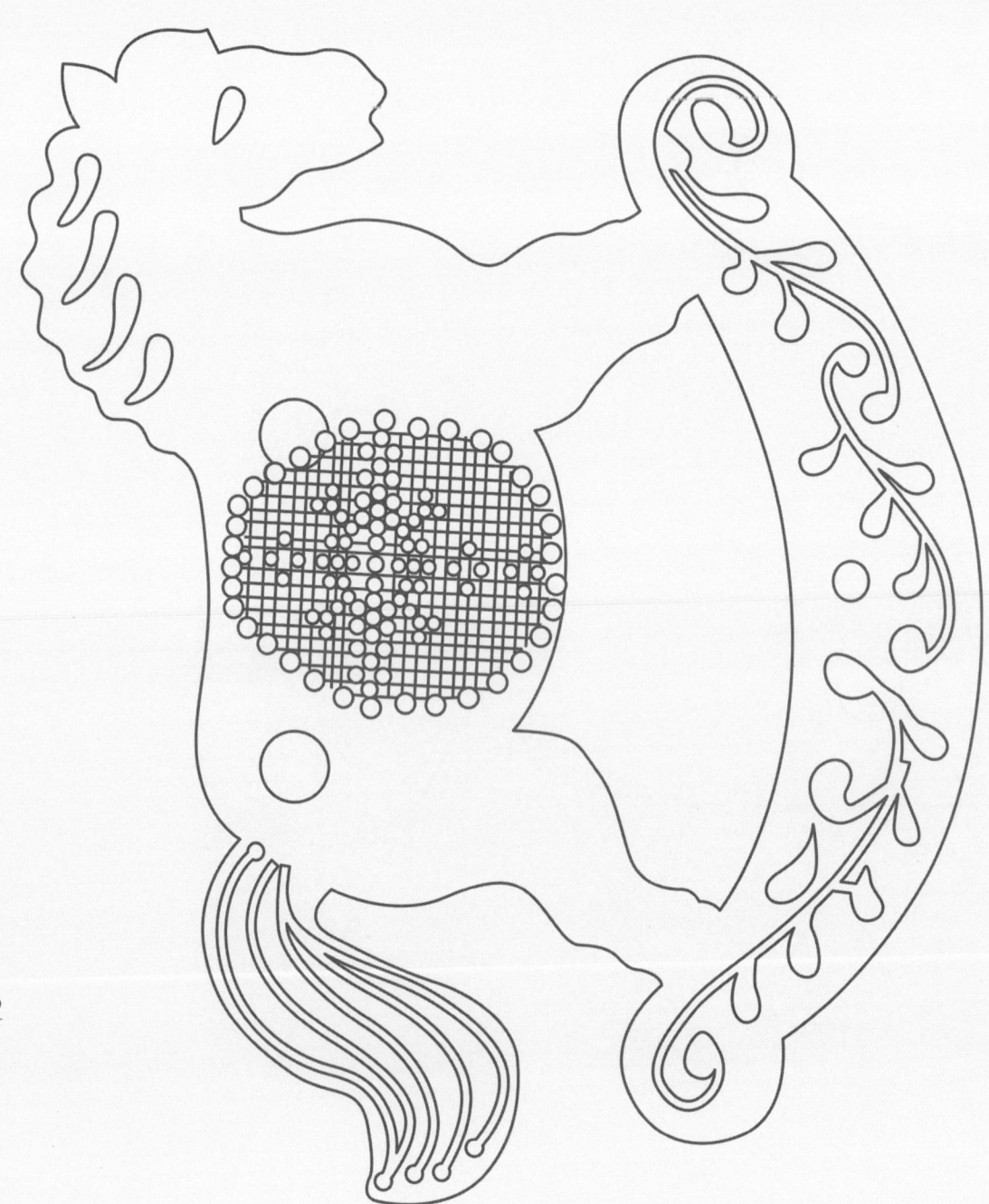